Hal Becker's Ultimate Sales Book

실패율 0%

Sales 인간관계

Lesson 50

실패율 0%
Sales 인간관계
Lesson 50

1판 1쇄 발행 2013년 9월 2일

지은이	Hal Becker
번역	안양동
감수	김창수
편집총괄	호혜정
기획	최다혜
교정교열	호혜정 최다혜 김효경
디자인	구진희
펴낸곳	리텍 콘텐츠
출판등록	2011년 6월 28일 제 2011-000200호
주소	서울시 강남구 역삼동 738번지 KS빌딩 305호
전화	02-2051-0311　　팩스　02-6280-0371
홈페이지	www.ritec.co.kr
블로그	blog.naver.com/ritec1
페이스북	https://www.facebook.com/contents.ritec/about
트위터	@riteccontents

ISBN : 978-89-967036-3-1　13320

- 잘못된 책은 서점에서 바꾸어 드립니다.
- 책값은 뒤표지에 있습니다.

이 책의 내용을 재사용하려면 사전에 저작권자와 리텍 콘텐츠의 동의를 받아야 함

Hal Becker's Ultimate Sales Book

실패율 0% Sales 인간관계 Lesson 50

Hal Becker 저

안양동 역

김창수 감수

Contens

Contens

Contens

Contens

Contens

Contens

영업의 노하우에 관해 쓴 책은 서점에 흘러넘쳐날 정도로 많습니다. 그러나 그 가운데 "이 책 덕분에 이전보다 더 잘 하는 세일즈맨이 될 수 있었다"고 말할 수 있는 책은 실제로 어느 정도나 있을까요?

이 책은 그러한 유사 서적들과는 콘셉트 자체가 다릅니다. 노하우와 마음가짐을 배울 수 있는 '영업 책자'인 것은 말할 필요도 없고, 이 책 그대로 '트레이닝 매뉴얼'로 활용할 수도 있을 것입니다. 각 Lesson 별로 읽든 아니면 한 번에 끝까지 쭉 읽든 어느 쪽이든 상관없습니다. 중요한 것은 새로운 정보를 받아들여 여러분의 일상의 영업활동에 활용하는 것입니다.

이 책은 빨리 읽을 수 있는 것들이 많고 매우 상식적이며 당연한 내용들이 많다는 것을 읽다 보면 알아차릴 것입니다. 하지만 모든 내용들을 대부분의 세일즈맨들이 잊어버리고 있는 소중한 Lesson들로만 구성하였습니다. 그 밖에도 제가 평소 소중히 여기고 있는 신조나 실제로 효과가 있었던 Action Plan들을 담았습니다. 실용적이며 이해하기 쉬울 것입니다. 독자적인 정보의 원천이 되어 여러분의 영업실적을 향상시키는 데 도움이 될 것이라 믿습니다. 그 여정을 즐겨주신다면 작가로서 기쁘기 그지없을 것입니다.

이 책을 최대한 활용하여 당신의 영업 능력을 극대화하기 위해서는

- 각 Lesson의 마지막 부분에 한 박자 쉬곁서 "내 상황에 맞추기 위해서는 어떻게 하면 좋을까?" 생각해 보기 바랍니다.

- 중요한 포인트를 잊지 않기 바랍니다.

- 각 Lesson은 한 번 더 읽고 나서 다음 Lesson으로 넘어갈 것을 권장합니다.

- 영업활동은 물론 어떠한 도전이라도 "나에게는 성공이 기다리고 있다!"고 생각하면서 최선을 다하기 바랍니다. 긍정적인 자세로 성공에 이르는 여정을 즐기는 것이 가장 중요합니다. 무언가 단 하나라도 잘 된다면 스스로에게 상을 주도록 합시다.

- 매일 모든 상황에 이 책의 아이디어와 규칙을 활용하기 바랍니다.

- 하루가 끝난 시점에는 반드시 하루 동안의 행동을 되돌아봅시다. 잘한 일은 무엇입니까? 개선이 필요한 부분은 무엇입니까?

- 주변의 상황을 잘 관찰하여 새로운 문제와 아이디어를 찾아냅시다.

Hal Becker

　사람들은 두 가지 착각을 자주 한다고 합니다. 첫 번째는 자기우월적 착각입니다. 다음 세 가지 질문 "나의 운전 실력은 평균 이상인가?", "나의 유머감각은 평균 이상인가?", "(직장에서 실적으로 보았을 때) 나는 회사에서 상위권에 속하는가?"가 있습니다. 만일 당신이 일반적인 사람이라면 이 세 가지 질문에서 두 가지는 "예!"라고 답했을 것입니다. 즉, 사람들은 자기 자신에 대해서 비현실적일 만큼 긍정적이라고 합니다.

　두 번째는 낙천적 착각입니다. 대다수의 사람들은 자신의 미래를 다른 사람의 미래보다 밝을 것이라고 전망했습니다. 한 대학 신입생을 대상으로 앞으로 겪게 될 나쁜 일과 좋은 일을 전망해 볼 것을 설문조사한 결과, 좋은 일만 생길 것이라는 답변이 그렇지 않은 경우보다 두 배 이상 많았다고 합니다.

　20여 년 동안 마케팅/세일즈 분야에 종사하며 지켜본 결과 세일즈업계의 현실도 위의 사례와 크게 다르지 않았습니다. 대부분의 세일즈맨들은 자기우월적 착각과 막연히 시간이 흐르면 잘 될 것이라는 낙천적 착각에 빠져 평균 이하의 실적을 달성하는 경우가 많았습니다. 물론 긍정의 마음가짐을 갖는 것은 중요합니다. 하지만 도가 지나쳐 착각하게 되면 그것은 문제입니다.

어떻게 하면 세일즈맨들이 어리석은 착각에 빠져 현실에 안주하지 않고 정상의 세일즈맨에 도달할 수 있을까요? 그것은 세일즈는 단순히 물건을 판다는 고정관념에서 벗어나 사람들을 움직여 스스로 사게 하는 힘이 무엇인지, 어떻게 그 관계를 지속적으로 유지해 나가는지, 어떤 경우에 관계설정에 실패하게 되는지 등 인간본성의 세일즈 심리를 파악하는 것이 우선입니다.

즉, 세일즈 핵심은 사람들 간의 인간관계 문제이고 이것의 원리를 파악하는 것이 영업스킬이나 영업지식보다도 훨씬 중요합니다. 그 원리를 파악하면 사람과 사물의 원리를 꿰뚫는 지혜가 생겨납니다. 그러면 자연스럽게 근본적인 변화가 뒤따르게 되어 상위 1%의 탑 세일즈맨이 될 수 있습니다.

그 답이 여기 "실패율 0%, 세일즈 인간관계 레슨 50"에 잘 나와 있습니다. 이 책을 감수하면서 실제로 과거 세일즈 현장에서 궁금했던 문제들, 어떤 경우에는 세일즈에 성공했고, 어떤 경우는 실패했는지에 대한 해답을 찾을 수 있었습니다. 마치 세일즈의 모범답안을 제시한 세일즈 인간관계학의 교과서와도 같은 책입니다. 이 책을 정독하는 이는 반드시 혜안慧眼을 얻을 것이라고 확신합니다.

감수자 김 창 수

PART 01

베스트
플레이어의
특성

Hal Becker's Ultimate Sales Book

무엇이 **최상인가**

제 사촌 아맨은 심장전문의입니다. 회진을 귀찮아하고, 형식적으로 진료하는 의사들과는 비교할 수 없는 정말 뛰어난 의사입니다. 무엇보다 환자를 대하는 태도가 훌륭합니다. 행동 하나하나에는 항상 배려가 넘치고 상대방 마음을 편안하게 해 줍니다. 또한 전공분야연구에서도 뛰어나 전공과 관련된 거의 모든 의료 주제에 대해 논문과 책을 써 왔습니다.

한번은 친척들이 모두 모인 자리에서 아맨이 했던 말에 몹시 감탄한 적이 있습니다. 그의 말은 비록 단순했지만 핵심을 제대로 짚고 있었기 때문에 깊이 생각하는 계기가 되었습니다. 당시 화제는 고령화 사회와 의료비에 대한 것으로, 특히 인생의 마지막 시기에 어느 정도의 의료비가 필요한가였습니다. 아맨에 따르면 사람은 인생의 마지막 1년 동안 평생 의료비의 80%나 사용한다고 합니다.

그리고 아맨은 이렇게 말을 이어갔습니다. "우리 의사들이 하는 일은 환자를 대하는 것일 뿐 환자를 위하는 게 아니야. 참으로 어이없는 이야기지?" 사실 아맨은 "의사는 환자의 치료에 최상의 방법을 찾지 않는다"고 말하고 싶었습니다. 실제로 의사 중에는 환자의 질병만을 과학적인 시각으로 바라보고 환자의 생활은 무시한 채 의료처방만 우선시하는 경우가 왕왕 있습니다. 이렇게 생각할 수도 있겠습니다. "그래도 최종적으로 중요한 것은 환자를 규정대로 진료하는 것 아닐까?" 물론 틀린 말은 아닙니다. 어느 정도 목적은 달성한 것이니까요. 그런데 다음을 읽으면 제가 하고자 하는 말의 요점을 알 수 있습니다.

아맨의 이야기를 계기로 의사의 자세에 대해 생각하는 동안에 스치는 생각이 하나 있었습니다. 세일즈맨과 고객의 관계에 의사와 환자의 관계를 빗댈 수 있지 않을까? **대부분의 세일즈맨은 단지 무엇인가를 팔기만 할 뿐 고객을 위해 움직이고 있지는 않습니다.** 자기 실적만 염두에 둘 뿐 가망고객이나 다른 고객의 이익은 생각하지 않습니다.

만약 모든 세일즈맨이 "고객에게 무엇이 최상인가만을 생각하라!"고 교육을 받았다면 어떨까요? 영업목표나 코수 같은 것은 전혀 신경 쓰지 않고 항상 고객을 위해 온 힘을 기울이는 것에만 집중할 것입니다. 누구라도 물건을 사야 한다면 고객만을 생각하는 세일즈맨에게 사려고 하지 않을까요? "내 일을 가장 먼저 생각해 주는구나!"라고 느끼기 때문에 한 번 믿고 사볼까 하는 마음이 생기지요.

그런데 뼛속 깊이 '고객제일주의' 사상을 가진 세일즈맨은 쉽게 만날 수 없는 것이 현실입니다. 한편 점원이 과도할 정도로 칭찬해 주는 옷을 사서 입고 나갔는데 친구나 가족들로부터 혹평을 받은 적 없나요? 혹은 과장된 판매문구에 속아 최신 디지털 상품을 샀는데 결국 쓸 만한 물건이 아니었거나 처음부터 필요가 없었다는 것을 나중에 깨달은 적은 없나요? 그러한 예는 살면서 얼마든지 만날 수 있습니다. 하지만 자기 일을 진심으로 생각해 주는 세일즈맨을 만나면 상황은 달라집니다. 다음에도 또 믿고 사야겠다고 생각하게 됩니다.

여러분이 베스트 플레이어가 되고 싶다면 과제를 드리겠습니다. 가장 먼저 사촌인 아맨이 환자를 소중히 여기는 것처럼 **항상 고객제일주의로 모든 것을 생각하기 바랍니다.** 그러고 나서 영업실적이 향상하는 것을 느긋하게 바라보면서 즐기세요. 고객으로부터 신뢰를 얻은 결과가 영업성적으로 나타날 것입니다.

강한 '공감능력'과
건전한 '영향력 욕구'

통계를 보면 세일즈맨의 실적은 대부분이 표준이거나 그 이하라고 합니다. 즉, 부여된 결과만 간신히 달성한다는 것입니다. 하지만 '영업목표 달성=성공'이 아닙니다. 생각해 보세요. '대충 수술을 하겠지만 환자의 개인 사정이나 개별적인 조치가 왜 필요한지는 제가 알 바 아닙니다"라고 얘기하는 의사가 있다면 과연 어느 환자가 의사에게 수술을 부탁할까요?

뛰어난 의술도 물론 중요하지만, 저라면 환자에게 있어 무엇이 최상인가, 왜 최상인가를 생각하는 의사에게 맡길 것입니다.

'세일즈 현장에서 베스트 플레이어의 자질이란 무엇인가?'라는 질문은 수십 년째 논의되고 있습니다. 책이나 잡지, 논문에서도 헤아릴 수 없을 만큼 많이 다룹니다. 그런데 답이 너무나도 단순해서 믿지 못하고 있을 뿐입니다.

앞서 했던 질문의 답은 '뛰어난 세일즈맨의 특성'이라는 제목의 기사에서 찾을 수 있습니다. 기사는 〈하버드 비즈니스 리뷰〉에 게재된 것으로 지금까지 제가 읽은 영업 관련 기사 중 최고 수준의 내용입니다. 2006년에 발표된 이 기사는 저자인 데이비드 메이어와 하버드 M. 그린버그가 1960년대에 같은 잡지에 발표한 연구결과를 다시 게재한 것입니다. 약 50년 전의 연구결과가 지금도 그대로 통용되고 있는 것이죠. 아마도 기본적인 전제에 특별한 변화가 없기 때문일 것입니다. 기사에서는 **세일즈맨이 성공하는 데 필요한 자질은 두 가지, 즉 공감능력**^{Empathy} **과 영향력 욕구**^{Ego Drive}라고 말합니다.

첫 번째의 공감능력은 사람의 마음을 이해하는 데 반드시 갖추어야 하는 능력입니다. 그런데 세일즈맨의 대부분은 공감능력을 갖추고 있지 않습니다. 머릿속에는 오로지 자기와 관련된 것만 있을 뿐 고객의 일은 그다음 문제입니다. 성공하는 세일즈맨이 항상 품는 생각은 고객제일주의입니다. 단지 '파는 것'이 우선이 아닙니다. **공감능력을 기르기 위해 "나라면 과연 상대방이 어떻게 해 주기를 바라는가?"를 우선 생각해 보기 바랍니다.**

두 번째의 영향력 욕구는 상대방을 설득시켜 "예!"라는 답을 끌어내고 싶어하는 개인적인 욕구입니다. **성공하는 세일즈맨들은 건전한 영향력 욕구가 있기 때문에 계약이 성사되면 강한 만족감을 느낍니다.** 반대로 성사되지 않으면 영향력 욕구가 그 사람을 분발하기 하는 하나의 요인이 되어 결코 의욕을 잃거나 변명으로 일관하지 않습니다.

또한, 기사에서는 고객을 도와주고 싶어하는 공감능력과 개인적으로 성공하고 싶어하는 영향력 욕구 사이의 균형이 중요하다고도 강조하고 있습니다. 양자의 균형이 잡혀 있지 않으면 "상담 상대방이 참 좋은 사람인데 생각해 주는 것치고는 매출이 오르지 않는다"든가 "억지로 밀어붙여 계약을 따내는 경우는 있지만 사람을 놓치는 경우가 훨씬 더 많다"와 같은 결과로 이어지게 됩니다.

물론 균형 잡힌 세일즈맨이 되기 위해서는 다른 스킬들도 필요합니다. 충분한 상품 지식을 갖추고 있어야 함은 말할 필요도 없습니다. 특징이나 이점도 잘 숙지해 두어야 합니다. 거절처리능력이나 질문능력(일방적인 프레젠테이션이 아닌 적절한 질문을 하는 능력), 시간 관리능력도 빼놓을 수가 없습니다. 이러한 능력과 지식을 숙지한 다음에 공감능력과 건전한 영향력 욕구를 겸비한다면 성공하기에 충분한 '능력 있는' 베스트 플레이어라고 할 수 있습니다.

Quiz
01

——

1. 세일즈맨이 가장 먼저 생각해야 하는 것은?

    A. 보수 올리기

    B. 계약 빨리 체결하기

    C. 고객을 위해 최선을 다하기

    D. 명함 나눠주기

2. 공감능력이 있는 세일즈맨은?

    A. 고객을 가장 먼저 생각한다.

    B. 자기 자신을 가장 먼저 생각한다.

    C. 슬픈 영화를 본다.

    D. 테라피를 해 준다.

3. 영향력 욕구가 있다면?

    A. 다른 사람의 일은 전혀 개의치 않는다.

    B. 계약을 하고 싶어진다.

    C. 친구를 만들고 싶어진다.

    D. 이직을 하고 싶어진다.

정답 1.C 2.A 3.B

베스트 플레이어가 실천하고 있는 것

중요한 '6가지 원칙'

제가 세일즈맨을 시작한 곳은 '제록스'라는 회사입니다. 그곳에서 배운 것 중에는 35년 가까운 세월이 지난 지금도 소중히 여기고 있는 여러 원칙이 있습니다. 재직 당시 제록스의 전미 영업팀 11,000여 명 중에서 탑 세일즈맨이 될 수 있었던 것도 이 원칙들 덕분이었습니다. 또한, 이 원칙들은 제록스에서 독립한 뒤에도 20년 이상 저의 비즈니스에 번영을 가져다주고 있습니다.

진정한 세일즈맨은 6가지 원칙에 따라 행동합니다. 이 원칙들은 모두 정평이 나 있는 세일즈 책이라면 반드시 다루고 있는 기본적인 내용입니다. 게다가 75년 전부터 지금까지도 변하지 않는 것들입니다. 아마 앞으로 75년이 다시 지나더라도 변하지 않을 것입니다. 6가지 원칙 중 앞의 3가지를 제가 배운 시기는 1976년, 장소는 버지니아 주 리즈버그에 있는 제록스사 연구시설이었습니다. 매일 12~14시간, 매주 6일, 총 3주 동안 영업이란 무엇인지 배우고 있었을 때의 일입니다. 나머지 3가지는 최근 20년간 제가 스스로 터득한 것입니다.

1. **상품을 안다.** 제가 세일즈맨으로 활동하던 시기에는 팔아야 하는 복사기에 대해 구석구석까지 숙지하고 있었습니다. 심지어 꿈에까지 나올 정도였습니다. 당시의 세일즈맨에게는 가능한 최대로 상품지식을 습득해 두어야 하는 책임이 있었습니다. 상품에 대한 충분한 지식이 뒷받침된 대응을 통해 상담 상대방에게 강한 자신감을 보여줄 수 있었던 것입니다. 요즈음 물건을 사러 갔을 때 자사 제품에 자부심을 가진 세일즈맨이나 정성 들여 상품정보를 파악하고 있는 세일즈맨을 몇 명이나 만날 수 있을까요?

2. **경쟁상대를 안다.** 라이벌과 비교해 자신에게는 장점도 있지만 단점도 있기 마련입니다. 상대방도 마찬가지입니다. 그 점을 잘 알고 있다면 남의 단점을 굳이 끄집어내지 않고도 이길 수 있습니다. 자기 자신의 장점을 키워 정정당당하게 싸웁시다. 고객이 라이벌을 칭찬하는 틈을 조금이라도 주어서는 안 됩니다.

3. **부여받은 영업목표 그 이상을 추구한다.** 제록스사의 영업목표는 간단

했습니다. '1일 10건, 가망고객 만나기'. Telephone Approach든 개척 방문영업이든 무엇이든 상관없습니다. 저는 부여된 영업목표보다 더 할 수 있다고 생각했습니다. 그래서 1일 20건이라는 계획을 세워 매일 실행했습니다. 이때 중요한 것은 지속하는 것입니다. 그 결과 저는 항상 동료보다 배를 초과해 일주일에 100건 이상, 한 달에 400건 이상, 연간 4,800건 이상을 소화할 수 있었습니다. 단순한 계획을 착실하게 실행한 덕분에 커다란 성과를 얻을 수 있었던 것입니다.

4. **시간 관리를 게을리하지 않는다.** 스케줄 수첩을 활용합시다. 이것을 잃어버리면 어찌할 바를 모를 정도로 꼼꼼히 가득 채워서 관리해야 합니다. 온라인 캘린더든 PDA든 수첩이든 형태는 상관없습니다. 요즘 시간을 관리하는 도구는 넘쳐날 정도로 많습니다. 매일 이용해야 하니 가장 사용하기 좋은 것을 선택하세요. 이를 통해 고객과의 약속을 관리하는 데 도움을 받기 바랍니다.

5. **의연한 태도로 꾸준히 한다.** 고객을 응대할 때에는 자신감을 가지면서도 억지로 강요하지 않는 것이 중요합니다. 절대로 포기하지 않고 항상 준비를 해 두기 바랍니다. 전념, 전념, 전념해야 합니다. 씨는 뿌리면 뿌릴수록 성과는 커집니다. 영업활동은 현재의 고객과 미래의 가망고객으로 성립된다는 사실을 잊지 마세요.

6. **성실하게 대응한다.** 여러분의 인간성을 얕보여가면서까지 성사시켜야 할 계약은 없습니다. '이것만 성사하면 인생이 술술 풀리는 계약'

같은 것은 존재하지 않습니다. 보수 때문에 한 달 정도 기분이 좋거나 1년 정도 여유가 생길지 모르지만, 인생이 바뀔 정도의 계약은 없습니다.

사람들이 어떤 것을 사는 것은 사람을 통해서입니다. 대개는 좋아하는 사람이나 신뢰하는 사람에게 삽니다. 사람의 평판을 널리 알려주는 것도 사람입니다. 성실하게 영업활동을 하고 있으면 고객으로부터 그 지인에게 입소문이 퍼집니다. 바로 그것이 소개영업을 늘리는 지름길입니다.

다음에서 살펴볼 '영업활동보증서'에는 지금까지의 요점을 간략하게 정리하였습니다. 다시 말해 8시간짜리 영업 연수를 3가지 콘셉트로 응축한 카드라고 할 수 있습니다. 이것을 항상 참조하기 바랍니다. 3가지 모두 성공으로 가는 열쇠이며, 여러분이 세일즈맨인 이상 절대 변하지 않을 것입니다.

아래 조항을 실시하지 않으면 본 보증서는 효력을 잃게 됩니다.

최고의 세일즈맨이 되기 위해 저는

1. **시간 관리를 철저히 하겠습니다**: 스케줄 수첩을 활용하여 기존고객이나 가망고객과의 접촉을 계속해 갈 것.
2. **의연한 태도로 꾸준히 노력하겠습니다**: 티끌도 모으면 순식간에 산이 된다. 매일 반드시 신규 개척을 할 것.
3. **성실하게 대응하겠습니다**: 평판이 전부. 입소문은 소개영업으로 가는 지름길.

또 다음 사항에도 유의합니다.

- 영업활동이란 말하는 것이 아니라 질문하는 것이다. 들려주는 것이 아니라 듣는 것이다.
- 사람은 사람을 통해 어떤 것을 산다.

어린아이처럼
천진난만하게 질문하는 방법

탐구심 없이는 좋은 계약을 결코 체결할 수 없습니다. 상담 시에는 반드시 고객의 니즈를 찾아야 합니다. 일방적으로 이야기하는 것이 아니라 질문을 하는 것이 아주 중요합니다. 세일즈맨 중에 자기 신상 이야기부터 먼저 시작하는 사람이 놀랄 정도로 많습니다. 친근감을 느끼게 하려고 출신학교, 셀러리를 먹으면 알레르기 반응이 나타난다는 등의 흥미를 느낄 만한 본인의 특이체질, 오래된 친구가 아니면 잘 모를 것들까지 전부 이야기합니다. 그것이 끝나면 자기 회사 이야기, 심지어 회사의 역사까지 말합니다. 그리고 마지막에 겨우 상품에 대해서 어떤 특징이 있는가를 아주 상세하게 설명하고 얼마나 좋은 것인지, 왜 사야만 하는지를 간곡하게 호소하고는 "오늘도 좋은 일을 했다. 나야말로 프로다!'라고 생각하면서 흐뭇해합니다. 그런데 여러분이 얘기하는 동안 고객은 "오늘 점심은 뭐 먹지?"라고 생각 중입니다. 바로 '셀러리' 얘기 때문이지요.

상담은 일방적으로 프레젠테이션을 계속하는 자리가 아닙니다. 세일즈맨의 일이란 간단한 순서에 따라 고객에게 질문하는 것입니다. 고객의 니즈를 파악하기 위해 그리고 그것을 충족시켜줄 수 있는지를 확인하기 위한 질문을 하세요. 질문을 통해 상대방의 실상을 파악할 수 있다면 무엇에 관심이 있고, 어떤 사항이 장애요인인지 자연스럽게 알 수 있습니다.

그럼 이러한 질문능력을 기르기 위해서는 어떻게 하면 좋을까요? 이 질문에 대한 답은 어린아이에게서 찾을 수 있습니다.

아이들은 어른보다 질문을 더 잘합니다. 모든 것에 호기심이 많아서 알고 싶은 것도 많습니다. 커뮤니케이션도 매우 능숙합니다. 아이들이 사람들과 교류하는 모습을 보고 있는 것만으로도 우리는 많은 것을 배울 수 있습니다.

예를 들어, 한 아이가 새 장난감을 갖고 싶어할 때의 상황을 상상해 봅시다. 조를 때의 아이는 아무것도 두려워하지 않습니다. 안 된다고 할 것을 뻔히 알고 있으면서도 전혀 동요하지 않습니다. 곧장 사주게 되면 오히려 깜짝 놀랍니다. 아이의 질문은 단순합니다. "엄마, 아빠, 새 게임기 사주세요! 멋있어요. 작고 건전지로 작동하는데 게임을 무려 586종류나 할 수 있데요". 그러면 대부분의 부모는 십중팔구 이렇게 대답할 겁니다. "얌전하게 굴면 상으로 줄 수도 있지만 그 외에는 절대 안 돼!" 그럼 아이는 잠시 생각하고 나서 질문을 시작합니다. "왜?", "왜 안 되는데?", "언제면 사줄 거야?", "만약 내가 OO한다던 어때?". 더구나 이것은 아직 1차전일 뿐입니다. 2차전에서도 "왜?", "왜 안 되는데?", "언제면 사줄 거야?", "만약 내가 OO한다면 어때?" 라고 계속 물어봅니다. 갖고 싶은 것을 손에 넣을 때까지 포기할 줄을 모릅니다.

세일즈맨은 이러한 아이들의 배짱과 호기심을 모델로 삼아야 합니다. "안 돼!" 라고 얘기하기 전에 질문합시다. 고객의 실상은 어떤지 여러분이 판매하고자 하는 상품이나 서비스를 어떻게 생각하고 있는지를 묻기 바랍니다. 그리고 나서 언제쯤 어떤 조건이라면 계약의 가능성이 있는지를 물읍시다. 마치 어린아이가 천진난만하게 물어보듯이 질문합시다. 그렇게 하면 계약을 주저하고 있는 이유를 알 수 있고, 무엇에 대처하면 되는지를 구체적으로 파악할 수가 있습니다. 그러면 고객과 세일즈맨 모두가 행복해지는 계약을 체결하는 상황을 만들 수 있습니다.

천진난만한 질문법을 배울 수 있도록 영업하러 가기 전에 아이와 놀아보는 건 어떨까요?

최고의 인맥
구축방법

저는 사람을 잘 꿰뚫어보는 편입니다. 제가 '보는 편'이라고 자신 없게 말꼬리를 흐리는 것은 앤디를 만났을 때의 쓰라린 경험 때문입니다('앤디'라는 이름은 그의 사생활을 지키기 위해 사용한 가명입니다).

제가 하는 일은 크게 두 분야로 나눌 수 있습니다. 하나는 많은 청중을 앞에 두고 영업활동이나 Customer Service에 대해 강연하는 것이고, 다른 하나는 기업에서 정기적으로 영업연수나 컨설팅을 하는 것입니다. 앤디를 만난 것은 한 기업의 영업연수 때였습니다. 앤디가 다니는 회사에서 영업관리체계를 개선해 달라는 의뢰를 받았습니다. 일반적으로 첫 번째 연수에서는 세일즈맨들과 마음의 거리를 좁히기 위해 얼굴을 보면서 이야기를 합니다. 그때 제 옆에 앉아 있던 앤디는 1970년대에서 타임머신을 타고 온 것만 같은 모습을 하고 있었습니다.

파란 폴리에스터 양복 차림에 지나치게 넓은 옷깃. 더구나 당시 엘튼 존(영국의 저명한 음악가. 화려한 의상이 특징)마저도 시도하지 않았을 것만 같은 안경을 끼고 있었습니다. 이렇게까지 촌스러울 수 있나 싶었습니다. 심지어 가발도 쓰고 있었는데 그것이 너무나도 오묘한 것이 정말 압권이었습니다.

금발의 가발 뒤통수 쪽에서 갈색의 본래 머리카락이 삐져나와 있었습니다. 제가 어렸을 적 비틀즈를 흉내 낸 가발을 뒤집어쓰고 학교에 가려다가 어머니가 극구 말렸던 때가 생각났습니다. 그 당시의 그 가발도 앤디가 쓰고 있던 것과 비교한다면 훨씬 정상적인 것으로 보였을 정도였습니다.

그러한 외모 때문에 그와의 첫인상은 좋지 않았습니다. 이 영업팀을 트레이닝 해야 한다고 생각하니 불안해질 정도였습니다. 코미디영화 '괴짜들의 병영일지'(Stripes, 1981)[1]에서 전혀 군인답지 않은 신병들의 훈련을 맡은 할커 중사의 기분이 저와 같다고 느껴졌습니다.

* * * 1) 괴짜들의 병영일지_ 영화 〈괴짜들의 병영일지〉는 이반 라이트만 감독의 1981년 미국 코미디 영화이다. 빌 머레이, 해롤드 래미스 등이 출연하였다. 아무 볼 것 없는 남자 '존 윙어'가 친구와 군에 입대하면서 벌어지는 에피소드를 담았다.

연수를 시작하면서 "이 가운데 탑 세일즈맨은 어느 분입니까?"라고 물었습니다. 그러자 사장이 손가락으로 가리킨 것은 다름 아닌 바로 가발의 앤디였던 것입니다.

그러고 보니 영화 '내겐 너무 가벼운 그녀'(Shallow Hal, 2001)[2]에 나온 사람을 겉모습만으로 판단하는 주인공의 이름은 저와 같은 홀이었습니다. 놀라지 않은 척 하며 탑 세일즈맨인 앤디에게 몇 가지 질문을 했습니다. 그리고 그의 대답 가운데 하나는 지금도 결코 잊을 수가 없습니다.

그는 이렇게 말했습니다. "제가 다른 사람들보다 물건을 더 많이 팔고 좋은 일을 하는 것은 **고객의 일만을 생각하고 있기 때문**이라고 집사람이 말해 주더군요. 파는 것만 생각하고 있어서는 안 됩니다" 이것은 제가 지금까지 수많은 세일즈맨들로부터 들은 가장 중요한 답 가운데 하나입니다. 느꼈나요? 세일즈맨이 갖추고 있어야 할 자세에 대해 단순하면서도 강력한 메시지가 담겨 있습니다.

앤디의 메시지를 일상의 영업활동에 반드시 활용해 보기 바랍니다. 확실히 이해하고 실천한다면 세일즈맨으로서의 성공이 보입니다. 성공으로 가는 열쇠는 이렇게 짧은 교훈입니다. **항상 고객제일주의를 지킬 것.**

---

* * * **2) 내겐 너무 가벼운 그녀_** 영화 〈내겐 너무 가벼운 그녀〉는 2001년에 제작된 피터 패럴리, 바비 패럴리 감독의 미국 영화로 기네스 팰트로우, 잭 블랙 등이 출연하였다. 외모지상주의를 풍자한 영화이다.

중요한 것은 이야기를 듣는 것. 세일즈 토크는 잊어버릴 것.

이것이야말로 우리가 오랜 세월에 걸쳐 찾아온 영업활동의 비결입니다. 답은 오랫동안 계속 여기에 있었는데 너무나도 단순해서 간과하고 있었을 뿐입니다. 비싼 명품 양복을 입고 있든 수십 년 된 낡은 양복을 입고 있든 상관없습니다. 언제나 진심으로 고객을 도와주고자 노력만 한다면 그 성의가 결국은 긍정적인 결과를 가져다줄 것입니다. 성공을 손에 쥘 수가 있는 것입니다.

그 이후 앤디를 보더라도 이상하게도 우스운 가발은 조금도 신경 쓰이지 않았습니다. 단지 사람을 소중히 여기는 훌륭한 세일즈맨이라고 느껴질 뿐입니다.

Quiz
02-1

—

1. 세일즈맨에게 있어서 중요한 6가지 사항은?

    A. 상품, 서비스, 목표, 가격 설정, Telephone Approach 매뉴얼, 제대로 된 클로징(계약의 결단을 촉구하는 막바지 단계)

    B. 타사와의 경쟁, 일찍 일어나기, 비싼 명품 양복, 멋진 프레젠테이션, 상품이나 서비스의 특징, 거절 처리

    C. 방문할 곳에 일찍 도착하기, 강한 목소리, 바람직한 복장, 프레젠테이션 스킬, 임팩트 있는 클로징, 스케줄 수첩 활용

    D. 상품을 아는 것, 경쟁상대를 아는 것, 부여된 영업목표 이상을 추구하는 것, 시간 관리를 게을리하지 않는 것, 의연한 태도로 임하는 것, 성실하게 대하는 것

2. 영업에는 성실함이 중요하다. 그 이유는?

    A. 친구와 가족이 전부이기 때문이다.

    B. 제대로 된 '봉'한테 팔아서 버는 큰돈이 전부이기 때문이다.

    C. 큰 집과 멋진 차가 전부이기 때문이다.

    D. 자기 평판이 전부이기 때문이다.

Quiz 02-2

3. 세일즈맨이 어린아이한테서 배울 수 있는 것은?

    A. 스케이트보드 테크닉

    B. 제안서를 작성하는 법

    C. 두려워하지 않고 질문하는 것

    D. 약속 시각에 늦지 않는 요령

4. 앤디가 탑 세일즈맨이 될 수 있었던 이유는?

    A. 제대로 된 복장을 하고 있어서

    B. 친구가 많아서

    C. 상사와 친해서

    D. 파는 것만이 아니라 고객과 관련된 일만을 생각하고 있었기 때문에

정답 1.D 2.D 3.C 4.D

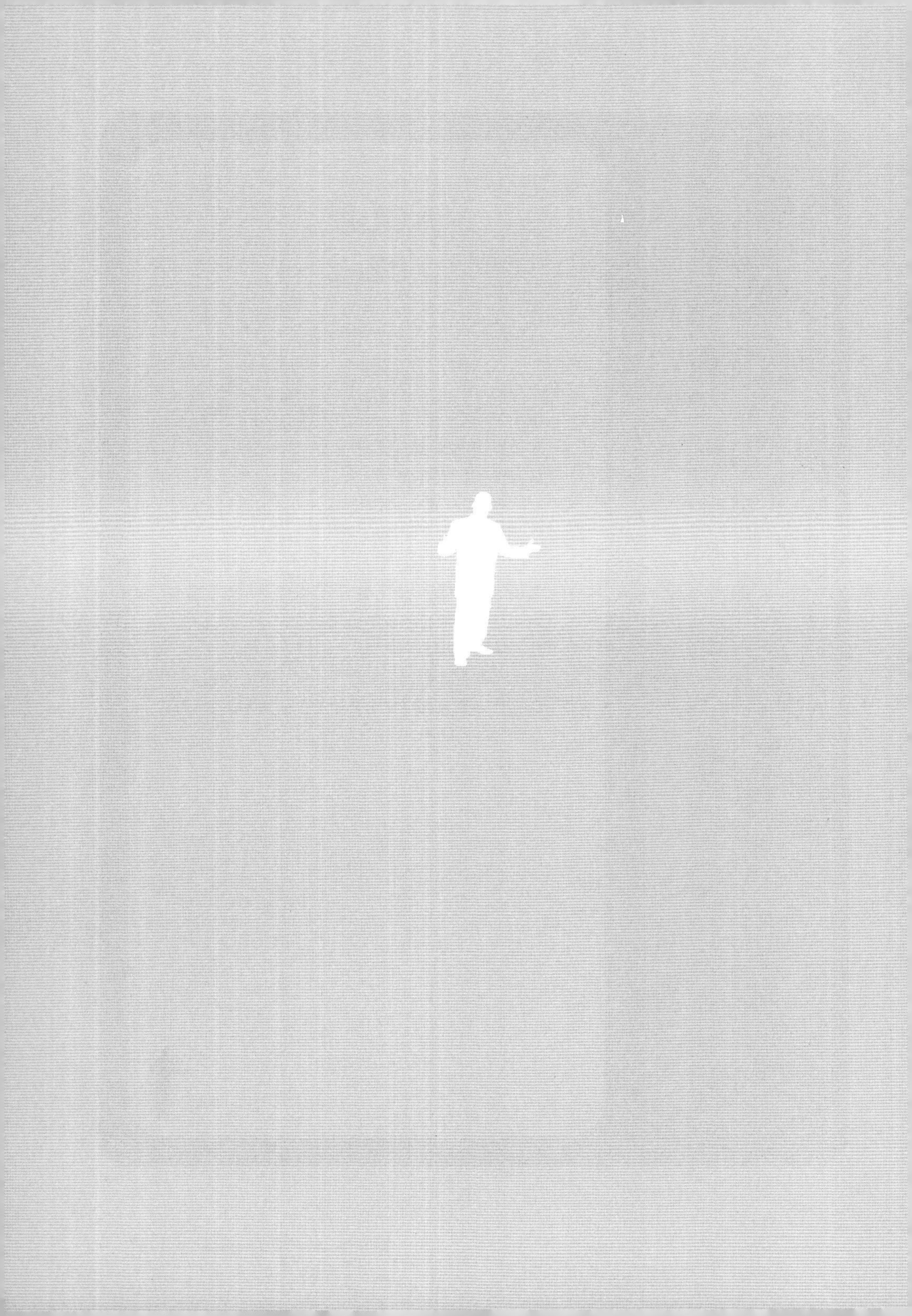

PART 03

잘 파는 사람
잘 듣는 사람

Hal Becker's Ultimate Sales Book

경청_듣는 능력이 중요한 '3가지 이유'

다른 사람의 이야기를 듣는 것은 상담뿐만 아니라 어떠한 교섭에도 매우 중요합니다. 상대방이 의사나 변호사든 친구나 가족이든 다르지 않습니다. 스스로 나는 잘 듣는 편이라고 생각하는 세일즈맨이 많은데 실제로는 '듣는 능력'을 길러야 하는 사람들이 대부분입니다. 그럼 우선 여러분의 듣는 능력을 간단하게 확인해 보겠습니다.

다음과 같은 상황에서 여러분의 대답은 "예!"입니까? "아니오!"입니까?

- 당신은 한 번에 몇 명 정도의 사람들과 인사를 막 나누었습니다. 적어도 한 사람의 이름을 기억하고 있습니까?
- 다른 사람의 이야기를 듣고 문득 의견이 떠올랐습니다. 당신은 자기 생

각을 머릿속에서 정리하면서 상대방 이야기가 끝나기를 기다립니까?

• 대화 상대방의 대화 속도가 너무 느려서 좀처럼 결론에 도달하지 않습니다. 당신은 대신 이야기를 정리합니까?

어떻습니까? 세 가지 질문 모두 "예!"라고 대답하였나요? 그렇다면 유감스럽게도 당신은 '낙제'입니다.

아마 대부분의 사람이 모두 "예!"라고 했을 텐데요. 그렇더라도 걱정할 필요는 없습니다. 지금부터라도 듣는 능력을 기르면 됩니다. 단, 듣는 능력은 인생을 통해 계속 연마해 가야만 합니다. 여기서 걱정이 생기는 분들을 위해 말씀드리는데, 지금보다 조금이라도 **듣는 능력이 길러진다면 당신 주위에는 사람이 모여들 것입니다.** 누구든 자기 이야기를 들어주는 사람을 좋아하는 법입니다. 잘 듣는 사람이 되기 위해서는 시간과 훈련이 필요한데 80세 정도에는 틀림없이 달인이 되어 있을 것입니다. 어쩌면 경청하기 외에는 전부 잊어버리고 있을지도 모르겠습니다.

Lesson 07에서는 실제로 잘 듣는 사람이 되기 위한 요령을 공개하겠습니다. 그 전에 다음 3가지 사항을 염두에 두기 바랍니다.

1. 상담이란 감정에 좌우되기도 합니다. 누구라도 자기한테 동의해 주는 사람을 좋아합니다. 그러나 이런 '편견'이 듣는 능력을 방해합니다.

즉, 자기 생각에 맞는 이야기(듣기 좋은 이야기)만을 골라 듣게 되는 것입니다.

한편 상대방에게 안 좋은 인상을 느끼고 있으면 마찬가지 일이 일어납니다. 모르는 동안에 심리적인 벽이 생기고 이 때문에 상대방의 이야기를 듣기보다는 머릿속에서 반론을 생각해내는 일에 집중합니다. 더구나 첫인상은 순식간에 결정이 납니다.

2. **당신이 진심으로 신뢰하고 있는 사람은 어떤 사람들입니까?** 틀림없이 당신의 일을 잘 알고 있는 친한 친구나 가족이 아닐까요? 뭐든지 알고 있다는 것은 오랜 세월 당신의 이야기를 잘 들어주었기 때문일 것입니다. 그런데 생면부지의 사람을 신뢰하지 않으면 안 되는 일도 있습니다. 예를 들면, 항공기 기장이 있습니다. 얼굴을 본 적이 없지만 그에게 목숨을 맡깁니다. 이러한 직업을 가진 사람들은 듣는 능력이 좋아야만 합니다. 어떠한 정보도 빠뜨리지 않고 들어서 정확한 판단을 해 주어야 합니다. 듣는 능력이 없다면 큰 사고로 이어질 수도 있습니다.

3. **세일즈맨 중에 지나치게 말이 많아 계약을 놓치는 경우가 있습니다.** 상담에 동행하는 옵저버로서 실제로 그러한 장면을 목격했습니다. 그러나 '지나치게 말을 들어줘서 고객을 놓쳤다'는 사례는 들어본 기억이 없습니다. 상담에서 중요한 것은 고객의 이야기를 잘 듣고 진짜 니즈를 확인하는 것입니다. 이것을 반드시 명심하세요.

경청_듣는 능력을 기르는 '9가지 요령'

사람의 이야기를 잘 듣는 것은 고도의 스킬입니다. 앞에서도 이야기했듯이 습득하는 데에는 오랜시간이 걸리는데 그만큼 배운 보람도 있습니다. 다음 9가지 요령을 실전에서 꼭 활용하면서 여러분의 듣는 능력을 길러주기 바랍니다.

1. **듣는 처지가 되어 상대방의 이야기를 촉구한다.** 가만히 귀를 기울이는 자세는 '좀 더 이야기 해 달라'는 의사표현입니다. 고객 스스로 이야기하도록 하는 것이 진짜 니즈를 파악할 수 있는 유일한 방법입니다.
2. **당신의 이야기하는 양을 줄인다.** 이야기하면서 듣는 것은 불가능합니다.

3. 모르는 것이 있다면 질문한다.

4. 상대방 이야기를 가로막지 않는다. 생각하거나 고쳐 말할 시간을 빼앗아서는 안 됩니다.

5. 상대방 이야기에 집중한다. 정신이 산만해지는 요인을 배제합니다. 방이 덥거나 춥거나 하는 것만으로도 신경이 쓰여서 이야기를 놓치는 경우가 있습니다.

6. 중요한 내용을 잊지 않도록 메모한다. 이야기를 모두 기억할 수는 없습니다. 메모하는 모습은 상대방에게 좋은 인상을 남기게 됩니다. 멍하니 듣고 있을 게 아니라 기억하고자 하는 마음을 전달합시다.

7. 타이밍을 맞춰 "예~", "과연!"과 같은 말로 맞장구를 친다. 이야기를 제대로 듣고 있다는 것과 의견에 동의한다는 것을 보여 주세요. 고개를 끄덕이는 동작도 좋습니다. 맞장구는 "듣고 있습니다", "좀 더 이야기해 주세요"와 같은 메시지를 전달합니다. 일류 상담사도 맞장구를 통해 상대방의 이야기를 잘 이끌어냅니다.

8. 필요하다면 정보를 확인한다. 받은 정보에 불명확한 점이 있으면 확인하더라도 실례가 아닙니다. 오히려 정확히 이해하고 싶다는 의사전달로 보입니다.

9. 타이밍에 맞게 상대방 논점을 바꿔 말해 그 의도를 오해하지 않도록 확인한다. 다음 표현을 연습하고 자신 있게 적극 듣도록 합니다(한 자, 한 구절 똑같이 할 필요는 없습니다). "……라고 말씀하셨죠?", "잘못 듣

지 않았는지 확인하고 싶은데요" 잘 듣는 사람은 바꿔 말하는 것을 소홀히 하지 않습니다. 그래서 커뮤니케이션을 잘하는 것입니다. 듣는 사람은 내용을 정확하게 확인할 수가 있고 말하는 사람은 충분히 듣고 있다는 것을 알고 만족감을 느낄 것입니다.

듣는 능력은 세일즈맨의 성공에 직접 영향을 줍니다. **상담의 핵심은 고객의 니즈를 확인하는 것입니다.** 상대방 이야기를 확실히 파악하고 될 수 있는 한 정확하게 기억합니다. 이것이 되고 나서야 비로소 듣는 능력이 있다고 할 수 있습니다. 누구나 듣는 능력을 타고나는 것은 아닙니다. 배워서 몸에 익히는 스킬의 하나입니다.

일반적으로 '말하기'보다는 '생각하는' 속도가 더 훨씬 빠릅니다. 덕분에 대화 중에는 이야기하는 쪽보다 듣는 쪽이 시간의 여유가 생깁니다. 이 '여유시간'을 잘 활용합시다. 이것은 매우 효과적인 수단으로 상대방의 이야기를 효율적으로 듣는 데 도움이 됩니다. 〈하버드 비즈니스 리뷰〉지에 게재된 '잘 듣는 방법'(랄프 G. 니콜스, 레오나르도 A. 스티븐스 공저)에는 여유시간의 활용법이 4가지 소개되어 있습니다.

1. **이야기의 흐름이나 결론을 예상한다.** 단, 불필요한 선입견 때문에 듣는 것을 소홀히 해서는 안 됩니다.

2. 논점을 증명할 논거를 충분히 제시하고 있는지 여부를 확인한다.

3. 거기까지의 논점을 머릿속으로 정리한다. 사실 여부는 별도로 하고 이야기하는 사람의 생각과 콘셉트를 정리합니다.

4. 언어 이외의 신호를 읽어낸다. 동작이나 말투 등에 주목하여 언어 이외의 메시지를 읽어냅니다.

듣는 능력은 감정에 좌우됩니다. 그때의 기분에 따라 무엇을 어떻게 듣는가가 달라집니다. 자기 의견과 맞는 이야기는 누구라도 자연스레 귀를 기울입니다. 그런데 그렇게 되면 객관성이 상실되고 논점을 정확하게 파악할 수가 없습니다. 이에 반해 전혀 찬성할 수 없는 이야기를 들을 때에는 반론하는 데에 의식이 치우칩니다. 그 때문에 역시 주관적으로 듣게 됩니다.

침묵의 힘을
이용하는 방법

아내와 함께 멕시코에 있는 비치 리조트인 카보 산 루카스^{Cabo} San Lucas로 선편여행을 했을 때의 이야기입니다. 여러 번의 선편여행 중 남편으로서의 면모를 생생하게 드러냈던 여행이었습니다.

여객선으로 여행을 다니다 보면 정박하는 항구마다 다양한 관광옵션 상품이 있습니다. 저는 "현지에서 알아보면 관광옵션요금이 절반 이하로도 가능할 거야"라고 당당하게 말했는데 아내는 믿지를 않았습니다. "좋아. 그럼 이번만이라도 좋으니까 한 번 시험해 보면 어때? 만약 최악의 결과가 나오면 그때는 내가 진심으로 사과하지" 사과한다는 저의 말을 듣고 아내는 기꺼이 찬성했습니다.

항구에 도착하고 배에서 내리자 'Whale Watching(고래구경하세요)'
이라고 손으로 쓴 간판을 든 현지인들이 15명 정도 줄지어 서 있었습니다. "누구한테 부탁할 것인가는 당신한테 맡길게!" 나는 아내에게 선택권을 주었습니다.

아내는 페르난도라는 여행가이드를 선택했습니다. 요금을 묻자 즉시 돌아온 대답은 "두 사람에 80달러"였습니다.

여객선의 관광옵션요금은 한 사람당 90달러였습니다. 그러나 저는 여기서 (이때는 고객 입장이었습니다만) 세일즈맨으로서 배운 어떤 스킬을 사용해 보기로 했습니다. **침묵을 지키는 것입니다.**

저는 6~7초 동안 침묵하고 나서는 "음!" 하고 한마디를 뱉었습니다. 그러자 페르난도는 두 사람에 70달러로 내려주었습니다. "어떻게 할까?"라고 아내한테 묻자 아내도 저를 따라 "음!"이라고 했습니다. 페르난도는 다시 깎아서 이번에는 "60달러"를 외쳤습니다. "물론 두 사람분입니다"를 강조하면서요. 알아차렸는지요? 저는 "음!" 이외에는 아무 말도 하지 않았습니다. 그런데도 저절로 가격이 내려간 것입니다. 그야말로 최고가 아닙니까?

필요한 것을 손에 넣고 싶을 때에는 아무 말도 하지 않는 것이 가장 좋은 수단이 되는 경우가 자주 있습니다. 단지 입을 다물고 되어가는 추세를 보고 있는 것만으로도 일이 척척 잘 진행됩니다. 더구나 이 정도로 간단히 진행되다니 정말 놀라운 일입니다.

상담에서 이 방법을 사용하고 싶다면 **이야기의 주도권을 고객에게 맡기면 됩니다.** 세일즈맨이 거의 입을 열지 않고 있으면 그동안 **고객은 자기 이야기를 하면서 스스로 생각을 정리합니다.** 상품이나 서비스에 대해 무엇을 바라는지, 어떤 조건이라면 좋겠는지, 어느 정도의 가격이라면 예산에 맞는지 그러한 것들이 저절로 명확해집니다.

고래구경을 한 다음날이었습니다. 아직 같은 항구에 정박하고 있던 우리는 다시 한 번 페르난도가 있는 곳으로 갔습니다. 모래사장을 달리는 사륜 전동바기를 빌리기 위해서였습니다. 물론 이번에도 큰 폭으로 요금을 깎을 수가 있었습니다. 저는 단지 입을 다물고 가끔 "음!"이라고 말했을 뿐입니다. 물론 발군의 효과를 얻었습니다. 사륜 전동바기를 타고 해변을 달리는 내내 제 얼굴에는 웃음이 떠나질 않았습니다.

Quiz
03

—

1. 다른 사람의 이야기를 잘 들으면?

    A. 좋은 세일즈맨이 될 수 있다.

    B. 좋은 상담사가 될 수 있다.

    C. 좋은 커뮤니케이션이 가능해진다.

    D. 위 3가지 모두 정답

2. 세일즈맨은 지나치게 말을 많이 해서 계약을 놓치는 경우는 있어도 ______________ .

    A. 목은 마르지 않는다.

    B. 지나치게 많이 들어서 계약을 놓치는 일은 없다.

    C. 빠른 속도로 말하지 않는다.

    D. 껌을 씹으면서 걸을 수 없다.

3. 바꿔 말하기에 적합한 표현은?

    A. "잘못 듣지 않았는지 확인하고 싶은데요."

    B. "예?"

    C. "뭐라고요?"

    D. "아니요. 대찬성입니다."

정답 1.D 2.B 3.A

PART 04

성공으로 가는 열쇠

Hal Becker's Ultimate Sales Book

성공할 수 없는
'4가지 이유'

성공하는 세일즈맨의 수는 극히 드뭅니다. 믿기 어렵겠지만 오늘날 세일즈맨들의 영업실적은 거의 낙제 수준입니다. 하버드 비즈니스 스쿨의 강사인 월터 A. 프리드만은 같은 스쿨 연구정보 사이트인 Working Knowledge에 게재한 '미국에서의 세일즈맨의 탄생'이라는 기사를 통해 다음과 같이 말하고 있습니다. 2000년 미국 내에 있는 세일즈맨은 약 1,600만 명이 있었는데 대부분의 실적은 평균 수준이거나 그 이하였습니다. 즉, 부여된 영업목표 이상의 활약을 한 세일즈맨은 극히 소수였던 것입니다. "이번 달에는 부여된 목표를 달성했다!"고 하는 것은 "평균 이하에서 평균 수준으로 올라왔다"는 의미에 지나지 않습니다. 프로야구 선수가 "지난 시즌에는 150안타를 달성했었지!"라고 하는 것이나 다를 바 없습니다. 놀랍지 않습니까?

세일즈맨이 성공하지 못하는 이유에는 4가지가 있습니다. 이 문제들은 문제임을 인식하기만 하면 쉽게 궤도를 수정할 수 있습니다.

1. **영업 일을 즐기지 않는다.** 자기 일을 싫어하거나 자사 제품을 신뢰하지 않는 세일즈맨의 모티베이션(동기부여)이 높을 수 없습니다. 성의와 열정은 진정한 것이어야만 상대방에게 전달됩니다. 뛰어난 연기력이 있다면 모르겠지만 의욕 없이 일 할 거라면 차라리 그만두고 다른 보람 있는 일을 찾는 게 삶에 훨씬 도움이 될 것입니다. 생각해 보세요. 요리하고 싶지 않은 요리사가 레스토랑을 경영하고 있다면 어떻게 될까요? 맛있는 음식이 나올 거라고는 도저히 생각할 수 없습니다. 아무리 분위기와 서비스가 좋더라도 아무런 의미가 없습니다. 뛰어난 세일즈맨이라면 진정한 열정을 갖추고 있어야 합니다. 겉으로만 그렇게 보여서는 성공할 수 없습니다.

2. **결정권자를 찾지 않는다.** 계약을 결정하는 권한이 없는 사람에게 영업활동을 하는 것은 마음은 편합니다. 표면적이라고는 하지만 서로 이야기하면서 고개도 가끔 끄덕여주기 때문에 대다수의 세일즈맨은 결정권자를 애써 만나려고 하지 않습니다. 물론 약속을 잡기 어렵다는 것도 이유의 하나이지만 확실히 "안 됩니다!"라는 말을 듣는 것이 두려운 것도 이유입니다. 그러나 영업활동은 Top Down 방식으로 공

략해야만 합니다.

처음부터 결정권을 가진 사람과 대화를 나누기 바랍니다. 본인에게 결정권이 없어 누군가에게 묻지 않으면 결정할 수 없는 사람과는 대화하지 않습니다. 이야기하더라도 어찌할 방법이 없는 상대방에게 힘을 쓰기보다는 확실히 "안 됩니다!"라는 말을 듣는 편이 오히려 낫습니다. 권한이 없는 사람에게 시간을 투자해 계약까지의 여정을 질질 끄는 일은 이제 그만두세요. 항상 최초에는 결정권자를 찾고 나서 상담을 시도하기 바랍니다.

3. **질문에 호기심이 없다.** 본인의 세일즈 토크에 도취해 있는 세일즈맨들이 의외로 많이 있습니다. 뛰어난 세일즈맨은 말이 없는 시간을 소중히 여겨야 합니다. 상담 도중 대화의 30% 이상을 자기가 말하고 있다면 그것은 세일즈가 아니라 '잡담'입니다. 세일즈와 잡담의 경계는 대화 비율의 30%입니다. 제대로 대화하고 있다면 이야기를 하는 것은 거의 고객이 되어야 합니다. 당신의 역할은 대화를 통해서 고객에게 도움을 줄 수 있는가 아닌가를 잘 확인하는 것입니다. 절대 강매를 해서는 안 됩니다. '에스키모에게도 눈을 팔 수 있는 세일즈맨'이라는 표현이 있습니다. 이것은 완전히 잘못된 생각입니다. 에스키모에게 눈을 팔 필요는 없습니다. 어차피 팔 거라면 얼음벌판에서 전력을 조달하는 발전기를 파는 것이 서로에게 유용할 것입니다. 항상 고객에게 호기심을 갖고 도움을 줄 수 있는지를 파악하기 위해 질문해야 합

니다. 단순히 강매하는 것만으로는 좋은 결과를 만들어낼 수 없습니다.

4. **충분히 연락을 취하지 않는다.** 고객에게 좀 더 연락을 시도합시다. 매일(매월)의 전화나 방문 횟수가 곧 성과로 연결됩니다. 고객과의 접촉을 단절하지 않고 가망고객을 계속 개척해가다 보면 거래 수가 늘어납니다. 그것이 당신에게도 조직에도 이익을 가져다줍니다.

상담하기 전 중요한 '사전준비 5가지'

세일즈맨 교육에는 커다란 결점이 있습니다. 불과 어제오늘의 일이 아니라 수십 년 전부터 바뀌지 않고 있습니다. 이 문제의 책임은 세일즈맨을 통괄하는 관리직이나 경영자에게 있습니다. 그들은 신규 세일즈맨에게 "고객의 현관에 발을 디딘 순간부터 계약을 하기까지(혹은 확실히 거절당할 때까지)가 영업이다"라고 주입하고 있으니까요. 그런데 뛰어난 세일즈맨은 잘 알고 있습니다. **현관에 발을 딛기 이전부터 이미 영업활동은 시작되었다는** 사실을요.

이것은 실제로 기본적인 사항인데도 세일즈맨 교육에는 빠져 있습니다. 여러분들은 이제 이 책을 읽고 알았으니 사전준비에 힘을 쏟아주기 바랍니다. 그러면 상담은 훨씬 잘 진행될 것입니다. 이 Lesson에서는 특별히 새롭거나 놀라운 발견은 없습니다. 세일즈맨이 경력을 쌓아감에 따라 잊어버리기 쉬운 것들을 다루고 있을 뿐입니다.

상담하기 전의 사전준비는 아주 중요합니다. 직업적인 일 외에 개인적인 협상에 있어서도 인생의 어떤 순간에도 사전준비가 중요한 것임에 틀림 없습니다. 프로는 준비를 게을리하지 않습니다. 성공 확률은 준비하기 나름입니다. 다양한 직종의 사전준비에 대해 알아보겠습니다.

- 교사: 수업 전에 그날의 계획을 세웁니다. 갑자기 교실에 들어가 "자, 여러분. 오늘은 무엇을 배우고 싶나요?"라고 하면서 강의를 시작하는 교사는 없을 것입니다. 항상 충분히 준비하고 그날의 수업목표를 명확하게 해둬야 합니다. 목표를 달성하기 위해 미리 정성 들여 성실히 수업계획을 세우게 됩니다.

- 변호사: 법정에 서기 전에 답변을 예측하고 필요한 사항을 적어둡니다. 아무런 준비도 하지 않고 심문을 하는 변호사가 있다면 어떻게 될까요? 위대한 법정변호사인 어빙 영거는 증인을 심문하는 데 실수를 예방하는 철칙을 다음과 같이 말했습니다. "대답을 예측할 수 없는 질문은 절대로 하지 않는다" 이는 피고에게 불리한 답변이 돌아올지도 모르기 때문입니다. 준비를 제대로 하면 할수록 승소 가능성은 그만큼 높아집니다.

- 치과의사: 진료차트에는 환자의 치료기록이 모두 담겨 있습니다. 그런데 환자는 한 사람이 아닙니다. "반년 전부터 당신이 재진하러 올 날만을 기다리고 있었습니다. 언제라도 준비완료입니다!"라고 할 수 없는 상황입니다. 진찰하기 전에 진료차트를 확인하고 지난 진료까지의 상태를 알아 둬야만 환자의 변화를 파악할 수 있습니다.

- 의사: 의사도 우선 진료차트를 확인합니다. 지난 진료까지의 진료기록을 파악하고 있으면 환자의 변화를 알 수 있기 때문에 정확한 질문을 할 수가 있습니다. 진찰실에 들어선 순간 "자, 맹장수술이라도 할까요? 특별히 이유는 없습니다"라고 말하는 의사가 있다면 정말 큰 문제입니다. 진료차트에 있는 내용을 빠짐없이 의사가 사전에 파악하고 난 뒤에야 비로소 최선의 치료가 가능합니다.

- 프로골퍼: 경기 전에 몇 번이고 그 코스에 나가서 익숙해지도록 합니다. 경기가 시작되고 나서 "첫 번째 홀이 어디더라?"라고 묻는 것은 있을 수 없습니다. 코스를 완전히 숙지하고 있다면 우승과 가까워집니다. 철저한 준비가 자신감으로 연결되어 경쟁력도 높아집니다.

- 카레이서: 레이싱 서킷의 감각을 피부로 파악할 때까지 연습을 반복해 자신감을 기릅니다. 레이싱 카의 구조에는 대부분 큰 차이가 없습니다. 그래서 더더욱 서킷에 대한 지식이 승부의 열쇠가 되는 것입니다. 드라이버의 기량도 중요하지만 얼마나 승리에 대한 열망이 강한지 얼마나 전략적인 위험을 떠안을 마음가짐이 있는지도 운명을 가르

는 요점이 될 것입니다.

- 특수부대: 육군이나 해군의 엘리트부대는 전투 시뮬레이션을 반복해 일련의 움직임을 몸으로 완전히 익힙니다. 실제 전투에 강한 자신감을 갖도록 하는 것이 절대적으로 필요합니다. 어떠한 훈련이라도 2,000회 이상 반복하면 습관이 되어 무의식중에 소화할 수 있게 된다고 합니다. 특수부대는 일반적인 어느 부대보다도 훈련을 많이 하고 있습니다.

최근 충분한 준비를 하지 않고 상담에 임하는 세일즈맨이 너무나도 많습니다. 성공의 기회는 사전에 준비를 제대로 하면 할수록 많아집니다. 이것을 잊지 말기 바랍니다. 그럼 지금부터는 상담하기 전에 해야 하는 구체적인 준비 요점에 대해 알아보겠습니다.

- **목표를 재점검한다.** 이것은 기본 중의 기본입니다. 저는 옵저버로서 세일즈맨과 동행할 때 언제나 다음과 같은 질문을 던집니다. "상담하러 가기 전에 확인해 두고 싶은데 오늘 목표는 무엇입니까?" 이렇게 물으면 돌아오는 것은 대개 "계약을 하는 것"이라는 천편일률적인 답입니다. 여기서 저는 더 중요한 질문을 합니다. "오늘이 첫 방문입니까? 그렇지 않다면 오늘로 계약이 결정될 것 같습니까?" 상황은 방문할 때마다 달라집니다. 그만큼 목적도 다양해집니다. 정보수집, 신뢰

관계 구축, 제안 등 방문상담의 목적은 상담의 숫자만큼 있습니다. 우선 사전에 재점검하기 바랍니다.

- 메모를 준비한다. 고객에 대한 질문은 메모에 제대로 기록해 상담하는 내내 눈앞에 놓습니다. 결코 편할 대로 한다거나 즉흥으로 한다거나 그렇게 생각해서는 안 됩니다. 질문에 누락이 없도록 반드시 잘 확인해야 합니다. 이 메모는 필수사항입니다. 예외는 결코 없습니다.

- TV를 보지 않는다. 기업을 방문해서 담당자와 상담할 때까지 로비에서 기다릴 때 TV가 있더라도 보지 않도록 합니다. 잡지도 마찬가지입니다. 대기시간은 관찰하는 시간이라고 생각하세요. 로비의 장식품은 고가의 것들입니까? 어떠한 분위기가 연출되고 있습니까? 장식된 창과 방패는 나란히 서 있습니까? 장식품을 통해 어떤 메시지를 전달하고 싶은 것 같습니까? 또 안내데스크 근무자는 훌륭한 정보원입니다. 가벼운 대화라도 유도해 보세요. 말을 걸면 무언가 힌트가 될 만한 정보를 알려줄지도 모릅니다.

- 휴대전화의 전원을 끈다. 오늘날은 고도로 발달한 과학기술 덕분에 집중을 방해하는 것들이 너무 많습니다. 휴대전화의 전원을 꺼놓으세요. 상담하는 동안 전화나 메일로부터 방해를 받지 않고 상담을 잘 마무리할 수 있습니다. 결정권자와 만날 수 있는 시간은 짧고 귀중합니다. 고객에게 집중해서 성심성의껏 노력하기 바랍니다.

- 사무실을 잘 살펴보고 자기 자신답게. 사소한 작은 물건이 고객의 인

품을 말해 줍니다. 사무실 분위기나 장식된 사진을 눈여겨봅니다. 가족사진이 있습니까? 아니면 자동차나 요트 사진입니까? 고객 자신은 그 사진 안에 있습니까? 여러 가지 것들을 보고 점과 선을 연결해 봅니다. 정말로 흥미가 솟을 정도로 궁금한 것이 있다면 질문해 보기 바랍니다. 진심으로 관심을 기울여주는 것이 전해진다면 상대방은 기꺼이 이야기해 줄 것입니다. 흥미가 있는 척하는 것은 금방 상대방이 알아차립니다. 시간을 보내기 위한 대화도 마찬가지입니다. "이런 사람을 집으로 초대하고 싶은데!"라고 생각할 정도의 거짓 없는 자기 자신다운 태도로 상대방을 대하면 됩니다.

상대방이 보고 싶어하는 제안서를 작성하는 방법

어디에선가는 분명히 하고 있을 거라고 생각되지만 '상식적이고 간단한 제안서 작성법'을 가르쳐주는 연수나 세미나는 지금까지 본 기억이 없습니다. 다만 이 Lesson에서 말하고 싶은 것은 제안서의 구성이나 자세한 문장에 대한 것이 아닙니다. (특히 고객이) 읽어보고 싶은 제안서를 작성하는 방법을 알아보려고 합니다.

기업의 세일즈맨은 보통 마케팅 부문 등에서 실시하는 연수를 받을 때 뛰어난 제안이란 어떤 것인가를 배웁니다. 그다음은 스스로 제안서에 무엇을 담을 것인가를 생각합니다. 중소기업의 경우라면 원래 세일즈맨이었던 창업주가 자기 경험을 기초로 작성법을 지도하는 일도 있습니다. 어떤 경우라도 누군가가 만들어 둔 빈 칸에 고객의 이름만 바꿔 적어갈 뿐인 제안서로는 좋은 결과를 만들어낼 수 없습니다.

제안서는 항상 고객 개개인을 염두에 두고 작성해야 합니다. 그런데 빈 칸만 채우는 제안서는 모든 상황에 적용되게 만들어두었기 때문에 불필요한 정보로 가득 차 있는 경우가 많습니다. "두꺼운 제안서가 임팩트가 있어서 좋다", "정보는 가득 채우면 채울수록 좋다"고 생각하는 경영 관계자도 있습니다. 제안서에 가장 먼저 회사 역사와 회사 경영방침을 담고, 전 제품의 제품군과 그 개발역사, 사원 소개, 상품과 서비스의 특징 및 이점 등을 줄줄이 늘어놓습니다. 게다가 보기 좋을 거라면서 화려한 표와 그래프를 많이 이용합니다. 그리고 마지막에 견적 가격을 공개합니다. 도대체 제안서로 누구를 감동하게 할 생각일까요? 그런 제안서를 마지막까지 읽고 싶어하는 사람이 있을 것 같지는 않습니다.

예를 들면, 여러분이 휴대전화나 보험을 계약할 때의 상황을 생각해보기 바랍니다. 28페이지짜리 견적서를 받으면 무슨 생각이 드나요? 저라면 알고 싶은 것은 다음의 4가지뿐입니다.

- 가격은 다른 회사보다 싼 것인가?
- 상품이나 서비스가 제안서대로의 기능이 가능한 것인가?
- 그 세일즈맨과 기업을 (앞으로도) 신뢰할 수 있을 것인가?
- 약속한 대로의 Customer Service를 받을 수 있을 것인가?

단지 이것뿐입니다. 간단한 것을 어렵게 할 필요는 없습니다. 고객은 사실에 입각한 것만을 그리고 요점만 알고 싶어합니다. 가격은 어떤지, 계약한 뒤에 문제가 생기지는 않는지, 약속을 지켜줄 것인지를 걱정할 뿐입니다. 두껍고 화려한 제안서는 그것을 작성하는 동안 당신이 진정 해야만 하는 것에 집중할 수 있는 시간을 헛되이 빼앗을 뿐입니다. 제안서에는 상품이나 서비스의 핵심만 기록하면 됩니다. 지나친 정보 때문에 고객이 받을 수 있는 이점이 흐려지면 의미가 없습니다. 이해가 쉽도록 하는 것에 중점을 두고 상품의 가치를 직접 전달해야 합니다. 그것이 강력한 제안서입니다. 불필요한 정보는 상대방을 괴롭히고 불안에 빠지게 할 뿐입니다.

고객이 제안서를 훑어보는 모습을 관찰한 적이 있나요? 처음 한두 장은 천천히 꼼꼼히 살펴보면서 넘깁니다. 그러다가 빠른 속도로 넘기고 갑자기 마지막 장을 확인하고 있지는 않던가요? 제안서의 마지막 장에는 견적 가격이 적혀 있습니다. 톨스토이 소설 〈전쟁과 평화〉만큼이나 길게 느껴지는 제안서는 고객에게나 세일즈맨에게나 시간 낭비일 뿐입니다. 더구나 제안서를 마지막 장까지 건너뛰었다는 것은 아마 여러분의 이야기도 집중해서 듣지 않았을 확률이 높습니다. 그 고객이 알고 싶어하는 것은 다름 아닌 가격입니다.

어쨌든 단순하게 상대방의 니즈에 맞춰 진정 필요한 것만을 전달해야 합니다.

상품이나 서비스가 그 니즈에 적합하다면 곧장 이야기의 핵심으로 들어가게 되고 고객도 빨리 결단을 내립니다. 만약 니즈에 맞지 않는 경우라도 필요 이상의 시간을 낭비하지 않고 끝낼 수가 있습니다. 남은 시간은 새로운 가망고객을 찾는 데 할애하면 됩니다.

특징이 아닌
이점을 설명하는 방법

'특징'과 '이점'의 차이를 알고 있다고 호언장담하는 세일즈맨들이 많습니다. 그런데 실제로 물어보면 고객에게는 명백하고 중요한 사항인데도 정확히 알지 못하고 있습니다. 상담할 때는 특징은 잊어버리고 이점을 단도직입적으로 설명해야 합니다.

그럼 두 가지의 차이점에 대해 알아보겠습니다. 우선 특징은 상품을 구성하고 있는 독자적인 요소입니다. 예를 들어, 자동차라면 '8기통 엔진(탑재)'이라든가 '12개 에어백(장착)'과 같은 것들입니다. 자동차 내비게이션이나 시트 히터도 특징에 속합니다. 보험상품이라면 보장 한도, 납부기간, 부가특별계약 등을 특징이라고 할 수 있습니다.

이점은 특징 때문에 고객이 얻게 되는 이익을 말합니다. 8기통 엔진이 있다면 더 빠른 속도를 낼 수 있고, 에어백이 12개 있으면 사고를 당했을 때 생존확률이 높아집니다. 자동차 내비게이션이 있으면 길을 찾느라 헤매지 않아도 되고, 시트 히터가 있다면 겨울 운전도 따뜻하게 할 수가 있습니다. 보험상품이라면 피보험 이익(보험상품에 가입하게 됨으로써 고객이 얻게 되는 이익)을 집중하여 설명해야 합니다.

광고에는 이러한 예가 많이 나옵니다. 예를 들면, 구취예방용 박하사탕 CF에서는 유효성분의 하나인 '레친'을 강조하여 선전하였습니다. 그런데 레친이 무엇인지를 알고 있는 사람은 거의 없을 것입니다. 아마 있다고 하더라도 자세히는 모를 것입니다. 어느 쪽이든 특징은 '레친이 들어가 있다'는 것이고, 이 이점은 '입안을 상쾌하게 유지할 수 있다'는 것입니다.

크라이슬러사는 '캡 포워드 디자인'을 광고하고 있었습니다. 어떤 디자인인지 확실히 와 닿지가 않지만 어쨌든 중요한 것은 그 이점입니다. '실내공간이 넓어진다'는 것이었습니다. 후자가 직접적이고 알기 쉽습니다. 그런데 여기까지 만으로도 알아차렸을지 모르겠지만 특징만을 설명해서는 효과가 없습니다. 만약 특징을 설명한다면 그다음에 반드시 이점을 이어서 설명해야만 합니다.

저는 요령만 피우고 순서를 생략하는 세일즈맨을 좋아하지 않습니다. 솔직히 고백하면 저도 20대 때에는 요령만 피우던 시기가 있었습니다. 그러나 영업활동에는 딱 하나 생략해도 괜찮은 순서가 있습니다. 그것은 바로 특징에 대한 설명입니다. 어떠한 상황에서나 이를 생략하더라도 문제없습니다.

한 번 더 말씀드립니다. 특징은 설명하지 않아도 괜찮습니다. 대부분은 특징 그 자체에 의미는 없습니다. 그것 때문에 상품이 더 팔리는 게 아닙니다. 상품이나 서비스를 판매하는 핵심은 바로 이점입니다. 고객이 구매하는 것도 이점 때문입니다. 이것을 잊지 말기 바랍니다. **고객은 자기 자신에게 매력적인 이점을 요구하고 있습니다.** 세일즈맨에 있어서의 이점이 아닙니다. 고객의 니즈에 초점을 맞춘다면 더 많은 계약을 할 수 있게 될 것입니다. 상대방이 원치 않는 것을 팔려고 많은 이야기를 하면서 시간을 낭비하는 일도 없어질 것입니다.

Quiz
04-1

---

1. 세일즈맨으로서 성공하려면?

    A. 닥치는 대로 세일즈 토크를 해야 한다.

    B. 누구라도 상관없으니까 "예!"라는 대답을 끌어내야 한다.

    C. 결정권자를 찾아야 한다.

    D. 상품이나 서비스를 이용하는 부서 전원에게 다 팔아야 한다.

2. 상담하러 갈 때는?

    A. 언제나 전투모드로 전환해 둔다.

    B. 반드시 도넛을 지참한다.

    C. 준비를 철저히 한다.

    D. 무료 샘플을 준비해 둔다.

3. 로비에서 기다리고 있을 때에 해서는 안 되는 것은?

    A. 목표를 재점검한다.

    B. 메모를 재검토한다.

    C. 주변으 상황을 잘 파악한다.

    D. TV를 본다.

Quiz
04-2

———

4. 상담 중에는?

    A. 큰 계약이 가능한 고객의 전화를 놓치지 않도록
휴대전화를 켜 놓는다.

    B. 휴대전화는 꺼 놓고 상담에 집중한다.

    C. 고객의 책상 위에 휴대전화를 놓고 자신을
대단한 사람처럼 보이게 한다.

    D. 아내(남편)에게 부탁해 정해진 시간에 전화하게
해놓고는 마치 중요한 인물에게서 전화가 온 것처럼
연기한다.

5. 제안서를 정리할 때에는?

    A. 단순하게 한다.

    B. 복잡하게 한다.

    C. 글자 폰트에 집중한다.

    D. 적어도 총 50페이지로 한다.

Quiz
04-3

---

6. 특징이란?

    A. 상품이나 서비스의 요소

    B. 가격이 비싸면 의미가 없는 것

    C. 생략하면 안 되는 것

    D. 고객에게 있어 그것이 전부

7. 이점이란?

    A. 생략하도 좋은 것

    B. 가격이 비싸면 의미가 없는 것

    C. 상품이나 서비스의 결점

    D. 상품이나 서비스가 고객에게 가져다주는 이익

정답 1.C 2.C 3.D 4.E 5.A 6.A 7.D

질문의
중요성

상담은 질문이 전부

〈카네기 인간관계론〉 *How to win friends and influence people*은 1936년에 출판되어 크게 인기를 얻은 베스트셀러입니다. 그 속에서 저자인 데일 카네기는 사람을 움직이는 비결은 상대방이 원하고 있는 것을 주는 것이라고 말하고 있습니다. 오늘날에도 통용되는 명언입니다. 게다가 단순하기 그지없습니다. 그러나 현실에서 이것을 실행하고 있는 세일즈맨은 매우 적습니다.

상담에서는 고객이 원하고 있는 것(니즈)을 확인해야만 합니다. 그 유일한 방법은 바로 **질문을 해서 고객의 대답에 귀를 기울이는 것**입니다. 이제 막 외운 상품 지식을 떠벌리기만하는 세일즈 토크는 이제 그만두어야 합니다.

예전에 암기해 온 세일즈 토크로 연신 떠들어대는 세일즈맨을 본 적이 있습니다. 고객이 무언가 물어보려고 말을 하면은 "좋은 질문입니다. 그것은 이것이 끝난 다음에 대답해 드릴 거니까……"라고 하는 것입니다. 참으로 어리석습니다. 고객을 배려하지 않고서는 좋은 영업은 성립될 수 없습니다. 그 세일즈맨은 상대방의 니즈에 그 자리에서 응할 수 있는 절호의 기회를 스스로 걷어차 버린 것입니다. 고객이 요구하는 것보다 자신의 프레젠테이션이 더 중요하다는 의사표시를 한 것이나 마찬가지입니다. 그러한 부정적인 인상을 한 번 주게 되면 불식시키기가 상당히 어렵습니다.

영업활동의 기본은 말하지 않고 듣는 것입니다. 참으로 간단합니다. 상담에서는 질문하면 할수록 상대방이 원하고 있는 것과 원하지 않는 것을 좁혀갈 수 있습니다. 과거에 샀던 것, 현재 필요로 하는 것, 미래에 갖고 싶어하는 것들을 알아낼 수 있습니다. **성공의 열쇠는 바로 무엇을 어떻게 들어서 알아낼 수 있는가 하는 것입니다.**

우선 질문의 횟수는 어느 정도가 적당할까요? 제 대답은 '필요하다고 생각하는 만큼'입니다. 질문의 내용은 다음 사항을 참조하면 좋겠습니다.

- 고객에게 어느 정도의 권한이 있는가? 계약 결정권을 쥐고 있는가?

- 과거에 무엇을 샀으며 그것을 왜 샀는가?

- 현재 거래하고 있는 업자와의 관계는 어떠한가? 왜 좋은가(나쁜가)?

- 예전에 거래하던 업체는 어느 회사였는가? 거래를 그만둔 이유는 무엇인가?

- 고객과 그 기업에서 중요한 것은 무엇인가?

이상은 아주 일부의 예에 지나지 않습니다. 어느 것이나 극히 기본적인 질문들인데 반드시 물어봐야만 하는 중요한 것들뿐입니다. 순서나 표현은 어떻게 하든 상관없습니다. 단지 성실하게 고객에게 도움을 주고자 한다는 마음만 표현하면 됩니다. 상품이나 서비스에 관해서는 확실한 지식을 가진 프로라는 자각을 잊지 마세요. 기준을 말씀드리면 **질문하는 것은 상담 전체의 70% 정도가 좋습니다.** 즉, 30% 이상을 당신이 일방적으로 얘기해서는 안 됩니다.

처음에는 어려울지도 모르겠지만 연습하고 경험을 쌓으면 어색하지 않게 질문을 잘할 수 있습니다. 그러는 동안 상담 이외에서도 질문능력을 발휘할 수 있게 됩니다. 동료나 친구, 가족들의 일들도 지금까지와는 달리 더욱 깊게 이해할 수 있습니다.

누구나 자기 이야기를 남이 들어주는 것을 좋아합니다. 고객에게 자발적으로 이야기하도록 하기 위해서는 질문을 하고 귀를 기울이는 것이 가장 좋습니다. 상대방과 관련된 것을 생각하고 호기심 왕성하게 질문하세요. 때로는 고객에게 "안 됩니다!"라고 말하는 것도 중요합니다. 상품이나 서비스가 상대방에게 필요 없다는 것을 알았다면 확실히 그렇게 얘기해 줘야만 합니다. 그렇게 함으로써 당신의 성실함이 전달됩니다.

성실함은 뛰어난 세일즈맨의 장점 가운데 하나로 고객에게 강렬한 인상을 남깁니다. 성실한 대응을 염두에 둔다면 신뢰를 얻을 수가 있고 미래의 거래로 이어집니다.

과거 → 현재 → 미래
순서로 질문

효과적인 영업활동에 대해 친구로부터 조언을 부탁받았을 때의 일입니다. 저는 여느 때처럼 질문하는 것이 얼마나 중요하며 왜 필요한가를 설명했습니다. 그런데 친구는 그러한 생각 자체는 이해하는 것 같았지만 확 다가오지는 않는 듯했습니다.

그래서 구체적인 질문 프로세스에 관해 얘기하기 시작했습니다. 그때 생각지도 못한 말이 제 입에서 튀어나왔습니다. "**상담에서는 현재나 미래의 이야기를 하기 전에 우선 과거에 대해 무언가 해야 해!**"라고 말이죠. 이 말에 저 자신도 놀랐습니다.

마음속으로 "야, 이건 통하겠는걸! 확실히 외워둬야지. 나중에 써먹을 수 있을 것 같아"라고 생각했습니다.

앞에서도 말했듯이 상담을 할 때는 고객의 이야기를 잘 듣고 진짜 니즈를 파악하는 것이 무엇보다도 중요합니다. 이를 위한 유일한 방법은 질문하는 것입니다. 당신 자신이나 상품에 대해 일방적으로 말하기만 해서는 지향하는 목표에 도달할 수가 없습니다.

고객이 거래할 생각을 하고 있지 않거나 이 세일즈맨은 싫다고 생각하고 있다면 반드시 태도로 나타납니다. 실제 그런 모습을 몇 번이고 보아왔습니다. 목소리 톤이나 동작에 흥미가 없다거나 불만이 있다는 것이 그대로 묻어납니다. 만약 그렇게 되면 설령 아직 사무실에서 쫓겨나지 않았다고 하더라도 상담은 그걸로 끝입니다. 일어나서 시간을 할애해 준 것에 대해 감사를 표하고 밖으로 나가세요. 회사에 돌아와서는 상사에게 잘 진행되지 않은 사실을 보고해야 합니다.

이렇게 전개되지 않기 위해서라도 지금부터 드리는 조언을 실천해 주기 바랍니다. 앞으로의 상황은 반드시 변하게 되어 있습니다. **어떤 영업활동이라 하더라도 사실을 알아내기 위한 미션이라는 사실을 잊지 말고** 탐험가가 되었다고 생각하면서 수행해 주세요. 상담할 때에는 고객의 현재 상황을 이야기하기 전에 **우선 과거를 살펴봐야** 합니다. 그 고객은 당신의 이전 담당자와 좋지 않은 경험을 하고 있지는 않습니까? 예전에 샀던 상품이 있다면 그것은 약속한 그대로의 기능을 하고 있습니까? 지금 고객이 결정을 주저하고 있는 이유는 당신과는 전혀 상관없는 것일지도 모릅니다. 과거의 좋지 않았던 경험이 방해하고 있는 일도 있습니다.

지금부터 앞으로의 이야기를 하기 전에 반드시 과거에 관해 질문하십시오. 당신 회사와 고객 회사의 관계에 대해 묻는 것도 하나의 방법입니다. 예를 들면, 이전에는 누가 영업하러 왔었는지, 과거에 어떤 상품이나 서비스를 사용했었는지, 그때 불만이나 문제점은 없었는지 이런 질문을 계속해서 과거에 문제가 없었다면 현재로 진행을 해 나갑니다.

만약 문제가 발견되었다면 그 문제에 대해 가능한 한 할 수 있는 일을 해야만 합니다. 현재로 나아가는 것은 이 단계에서는 아직 이릅니다. 우선 과거의 문제를 치유하는 노력을 하고 나서 현재로 시점을 옮겨야 합니다. 단, 어떠한 과거도 완벽하게 치유 가능하다고는 할 수 없습니다. 노력한다는 것 자체가 중요합니다. 결과적으로 치유되지 않았다고 하더라도 당신이 노력해 준 그 모습은 상대방에게 강한 인상을 남깁니다.

만약 과거에 문제가 없고 현재도 양호하다면 (여기까지 고객이 이야기를 열심히 듣고 있다면 좋은 느낌이 있을 겁니다) 미래로 옮겨갑니다. 물론 세일즈맨은 '백 투 더 퓨처'(Back to the Future)[3]의 주인공 마티도 아니

***3) 백 투 더 퓨처_** 영화 〈백 투 더 퓨처〉는 로버트 저메키스 감독의 1985년 개봉한 미국의 SF/코미디 영화로 타임머신을 이용한 시간탐험의 내용을 재미있게 그려내었다. 마이클 J. 폭스가 주연을 맡았다. 속편으로 〈백 투 더 퓨처 2〉, 〈백 투 더 퓨처 3〉가 있다.

고 드로리안 호도 없습니다. 그렇지만 미래로 가는 출발지점에 서 있습니다. **지금부터의 프레임워크**framework**를 검토해 보기 바랍니다.** 양자가 어떻게 비즈니스를 진행해 나가는지 그 틀을 생각해 보겠습니다. 장기계약이 될 것인지 신상품이나 서비스의 베타 테스트beta test단계인지 혹은 업무 제휴를 맺게 될 것인지.

어떤 계약형태라고 하더라도 틀림없이 잘 진행될 것입니다. 고객이 당신 회사에 대해 불만이었던 점도 당신 회사의 방침에 대해서도 이 단계에서 모두 파악할 수 있기 때문입니다. 어쩌면 당신 회사의 방침에 대해서도 무언가 의견이 나올 가능성이 있습니다. 좋은 개선안이라면 회사에 가져갑시다. 영웅이 될 수 있을 테니까요.

과거를 씻어내고 고객의 불만이나 불안을 해결하는 이 방법은 결코 당신을 실망하게 하지 않을 것입니다.

커뮤니케이션은 질문으로 시작

솔직히 저는 네트워킹에 소질이 없습니다. 모르는 사람들만 잔뜩 있는 곳에 가서 대화하는 것이 매우 힘듭니다. 강연 요청을 받거나 세미나를 개최할 때 대개 그 전날 밤에 환영 칵테일파티가 있습니다. 그 자리에서 클라이언트와 교류를 하게 되는데 저는 아주 잠깐 얼굴을 내밀 뿐입니다. 연회장을 잽싸게 돌면서 치즈나 채소 애피타이저를 집어 들고 호텔 방으로 돌아와 룸서비스를 시킵니다.

네트워킹에 소질도 없고 좋아하지도 않기 때문에 그 점에 대해 조언할 자격은 저에게는 없습니다. 그러나 항상 "인간관계를 구축하고 싶다"고는 생각하고 있습니다. 이건 불과 두세 시간짜리 칵테일파티를 통해 얼굴을 아는 사이가 되는 것보다는 훨씬 시간이 걸리는 일입니다. 한 번의 강연으로 100명이 넘는 참가자들과 인간관계를 구축한다는 것은 아무래도 무리입니다. 차라리 일을 맡겨준 클라이언트와의 인간관계를 깊게 하는 데 전념하고 싶습니다. 이것을 위해서라도 저는 강연 전의 사전 준비를 빠뜨리지 않습니다. 반드시 클라이언트에게 "이번에는 어떤 청중입니까?", "무엇을 알고 싶어합니까?"를 질문하고 커뮤니케이션을 계획합니다. 청중에 대해 사전에 파악해 두면 강연 중이나 강연이 끝난 뒤에 질문을 예측하고 제대로 준비할 수 있습니다.

그러고 보니 20년 정도 전에 읽었던 책에는 유명인을 만났을 때 커뮤니케이션을 잘할 수 있는 방법이 나와 있었습니다. 어떤 이유에서든지 아부하는 것은 잘못된 것이며, "당신 영화가 너무 좋아요. 훌륭한 연기였습니다!"라고 상대방이 질려 있을 법한 감상을 말하는 것도 좋지 않다고 합니다. 그럼 어떻게 하는 것이 좋은가 하면 **질문을 하는 것**입니다. 단지 성실하게 식상하지 않은 질문을 하는 것이 중요합니다. 상대방 입장에서 "이거라면 반드시 대답하고 싶어질 거야!"라고 생각되는 질문을 하세요. 날씨나 교통정체와 같은 화제가 아닌 이상 조금은 교감을 느끼는 대화가 가능해질 것입니다. 만약 유명인을 만난다면 그 사람에게 있어 여느 때와 다른 질문을 해서 실속 있는 즐거운 대화가 되도록 해 보세요.

예를 들어, 배우 조지 클루니는 유머감각이 아주 뛰어나고 장난을 좋아하는 사람입니다. 만약 그를 만난다면 "지금까지 당신이 친 장난 가운데 최고였던 것은 무엇입니까?"라고 물어보면 어떨까요? 흥미로 워하지 않을까요? 누구나 할 법한 흔한 질문과는 달리 그 사람이 즐겁게 얘기할 수 있을 내용이니까 아마도 대답해 줄 가능성이 높을지도 모르겠습니다.

그럼 상대가 당신 회사의 CEO라면 어떨까요? 예를 들어, 중요한 회의에 참석했더니 마침 CEO도 그 자리에 있어 용기를 내어 자기소개를 하고 싶은 경우라면 이렇게 말하면 됩니다. "영업부의 홀이라고 합니다. 한 가지만 질문 드려도 되겠습니까? 우리 회사에서 지금까지 달성한 것 중에 가장 자랑스럽게 생각하고 계시는 것은 무엇입니까?" CEO는 틀림없이 대답하고 싶어질 것입니다. 질문자가 인상에도 남을 것이고요. 당신만 어필하는 게 아니라 자기한테 흥미를 갖고 질문을 해 주었기 때문입니다.

이처럼 질문을 통해 커뮤니케이션을 하는 방법은 다양한 상황에서 사용할 수가 있습니다.

라스베이거스에 갔을 때의 일입니다. 저녁 식사 자리에 어떤 남성을 소개받았는데 그 남성은 호텔 서비스에 불만을 품고 있었습니다. 무슨 이유에서인지 그의 방만 3일이나 청소가 안 되어 있었던 것입니다.

그 말을 듣고 행동제일주의인 저는 말했습니다. "프런트에 가서 매니저에게 얘기하시죠. Customer Service를 제대로 받지 못하고 있다고 말합시다."

우리는 즉시 프런트로 갔습니다. 그런데 곧바로 불만을 늘어놓지 않았습니다. 우선 제가 언제나 가르치고 있는 것을 실천했습니다. 질문하기 입니다. "지금까지 이 호텔에서 일어난 문제 가운데 최악이었던 것은 무엇입니까?" 그러자 매니저는 살짝 웃으면서 대답했습니다. "아니요, 손님. 지금까지 특별한 문제는 없었습니다." 저는 한 번 더 물었습니다. "설마 그럴 리가 없을 텐테요. 하나 정도는 있지 않을까요?" 결국 매니저에게서 재미있는 이야기는 들을 수가 없었습니다. 하지만 그 남성은 하룻밤 숙박비를 면제받았고, 바에서도 서비스를 듬뿍 받을 수 있었습니다.

질문은 상담뿐만 아니라 거의 모든 상황의 커뮤니케이션에도 도움이 되는 도구입니다. 잘 짜인 단 하나의 질문으로 방금 만난 상대방과의 마음의 교류가 가능해지기도 합니다. 이러한 도구를 잘 사용한다면 상대방은 당신에게 흥미를 갖고 자신과 관련된 일을 자발적으로 이야기해 줄 것입니다. 그러는 동안 조금씩 인간관계가 구축되어 가는 것입니다.

마지막까지 질문을 계속해야 하는 이유

영업트레이닝 과정은 하늘에 떠 있는 별의 수만큼이나 많습니다. 누가 봐도 당연한 것을 어디서나 거의 같은 것을 가르치고 있습니다. "세일즈맨은 고객의 니즈를 파악하고 그 니즈에 맞는 상품이나 서비스를 (가능하다면) 제공해야 한다." 하지만 제대로 된 트레이닝을 한 번도 받아본 적이 없는 세일즈맨은 매우 많습니다.

누가 생각해냈는지는 모르겠지만 상담을 할 때 다음과 같은 방법을 실천하고 있는 세일즈맨도 상당히 많이 있습니다. 여기서는 알기 쉽게 'AB식 Approach'라고 이름 붙이겠습니다. 실제로 이 방법을 질릴 정도로 많이 보아왔습니다. 분명히 앞으로도 또 만나게 될 것입니다. AB식

Approach는 문자 그대로 A 파트와 B 파트로 나뉘어 있습니다. 우선 파트 A에서는 의무적으로 두세 가지 질문하고 이어서 파트 B에서 세일즈맨 자신과 그 회사, 상품 및 서비스에 관해 이야기합니다.

자연스럽게 진행하다 보면 그렇게 될 수도 있습니다. 하지만 AB식 Approach를 전수하려는 강사나 컨설턴트는 저를 포함해 전혀 없을 것입니다. 두세 가지 질문했을 뿐 그다음에는 정보의 홍수라니 이건 당치도 않은 이야기입니다. **좋은 상담은 대화를 통해 성립됩니다.** 질문하고 답을 듣고 고객에 대해서 가능한 많은 것을 배우세요. 세일즈맨이 일방적으로 정보를 제공하는 '이야기 토해내기'는 그만두기 바랍니다.

AB식 Approach가 많은 세일즈맨 사이에서 관례가 된 점은 고민스러운 부분입니다. 그들이 연마하고 있는 것은 근본적으로 잘못되어 해서는 안 되는 영업방법이기 때문입니다. 확실히 이 Approach에서도 방문하기 전에 준비하고 있는 사람이 있을 것입니다. 그것을 상담할 때 실제로 질문하고 대답을 듣고 (바라건대 확실히 듣고) 니즈를 파악하는 노력도 하겠지요. 이 단계에서는 아직 잘못되었다고는 할 수 없습니다.

길을 잘못 드는 것은 바로 이다음입니다. 필요한 정보는 이제 충분히 들었다고 생각하고는 말하기 상태로 진입해버립니다. 질문으로부터 완전히 변경해서 파트 B로 돌입해 상품이나 서비스 정보를 토해내기 시작하는 것입니다. 입을 움직이고 있는 것은 세일즈맨 혼자입니다. 더구나 연이어 자기 회사 업무내용, 회사 역사, 회사 방침, 지점 수, 사원 수 등 설명은 지루하게 이어집니다. 정보과다란 이런 것을 두고 말하는 것으로 그것을 바라는 상담 상대방은 우선으로 생각하고 있을 리가 없습니다. 고객의 니즈를 파악하기 위해서는 질문만이 유일한 수단입니다. 세일즈맨이 일방적으로 이야기하고만 있다면 상대방은 지루해질 뿐입니다. 저는 옵저버로 상담에 동행할 때 고객의 표정이나 보디랭귀지에도 주목하고 있기 때문에 잘 알 수 있습니다. 세일즈맨이 이야기하고 있는 동안 예의에 어긋나지 않기 위해 단지 이야기를 듣고 있는 시늉만 하고 있는 고객이 상당히 많이 있습니다. 틀림없이 머릿속으로는 "점심은 무엇으로 할까?", "다음 만나기로 한 약속에 늦지는 않을까?"라고 생각하고 있지 않을까요? 이럴 때에 가진 정보를 일방적으로 전달하는 Approach 따위는 고객의 관심 밖입니다.

세일즈맨은 상담 과정을 통해서 질문을 계속해야만 합니다. 고객 쪽에서 질문한다면 구체적으로 답을 하세요. 그것이 대화가 되어 쌍방향 커뮤니케이션이 되는 것입니다. **상호 간에 질문하면 균형 잡힌 좋은 대화가 될 것입니다.**

AB식 Approach는 잊어버리기 바랍니다. 파트 A를 끝까지 계속해 나가십시오.

속마음을 알아낼 수 있는
'마법의 질문'

'마법의 질문'은 어떠한 영업활동에서도 빠뜨릴 수 없습니다. 세일즈맨의 도구 가운데서 아마도 가장 중요한 것으로 생각합니다. 그런데 유감스럽게도 잘 모르고 있습니다. '마법의 질문'이란 도대체 무엇인가를 알기 위해서는 한 번 기본으로 되돌아가서 영업활동이란 과연 무엇인가를 재확인할 필요가 있습니다. 몇 번이고 강조하고 있듯이 영업활동에서 중요한 것은 일방적으로 이야기하는 것이 아니라 질문하는 것입니다. 들려주는 것이 아니라 듣는 것이 가장 중요합니다. 만약 당신이 지금까지 "상품이나 서비스의 프레젠테이션만 하면 된다"고 배워왔다면 여기서 전부 잊어버리는 것이 가장 좋습니다. 사용하고 있던 교본은 라이벌 회사에 익명으로 기부하기 바랍니다. 그러고 나서 기초부터 다시 쌓으세요.

'마법의 질문'은 사람마다 모두 가지고 있습니다. 기업을 대상으로 영업연수를 하는 저의 경우는 이것입니다. "지금 귀사에서 시행하고 있는 영업연수에 관해 얘기해 주시겠습니까?"

저의 '마법의 질문'에는 대개 "지금은 아무것도 실시하지 않고 있습니다"라는 답이 돌아옵니다. 그렇게 나오면 이쪽에서 대화의 주도권을 쥐게 된 것이나 마찬가지입니다. 우선은 한 번 더 "사실입니까? 무언가는 하고 있지 않나요?"라고 확인합니다. 그래도 실제로 실시하고 있는 게 없다는 사실을 알았다면 "왜 아무런 연수프로그램을 준비하고 있지 않으신지요?"라고 묻습니다. 이것으로 대화는 제가 원하는 방향으로 나아가게 됩니다. 어쨌든 "세일즈맨에게는 트레이닝이 필요합니다"라고 연수를 권장하는 것이 저의 일이기 때문입니다.

만약 "연수프로그램이 있다"는 답이 돌아온다면 거기서 종료합니다. 아무리 탑 세일즈맨이라고 하더라도 만난 사람 모두에게 판매할 수는 없습니다. 이러한 교훈을 되새길 좋은 기회가 될 것입니다. 뛰어난 세일즈맨이라면 "연수는 지속하는 것이 좋습니다"라고 다시 추천할 시기를 엿볼 것입니다. 지금은 조용히 그 자리를 뜨면 됩니다.

'마법의 질문'은 상대방 마음의 문을 열고 당신이 알고 싶은 것에 대해 적극 이야기를 듣기 위한 도구입니다. 성실하고 솔직하게 질문하기 바랍니다. "그래 이거야!"라고 할 수 있는 질문을 찾아내기까지는 시간이 걸릴 수 있습니다. 상황에 맞게 수정할 필요도 있습니다. 여기서는 참고하도록 몇 가지 예를 들겠습니다. 자동차 세일즈맨이라면 "평소에는 어떤 식으로 차를 사용하고 계십니까?"는 어떻습니까? '마법의 질문'은 무형의 서비스에도 사용할 수 있습니다. 보험을 팔고 싶다면 "귀사에서는 종업원분들에게 어떤 보험을 들어놓고 있습니까?", 공인회계사라면 "지금까지 필요 이상으로 세금을 지급한 적은 없습니까?"라고 물으면 어떨까요? '마법의 질문'은 저렴해 보이거나 일부러 하는 것 같은 느낌이 들지 않도록 성실하게 질문해야 합니다. 상대방이 다른 세일즈맨에게서 들은 적이 없는 실속 있는 질문을 할 수 있다면 가장 이상적입니다.

다음은 '마법의 질문'을 생각할 때 고려허야 할 요점입니다.

- **시간을 들여 정말로 듣고 싶은 것을 생각해낸다.** 저의 '마법의 질문'은 완성되기까지 약 14년이 걸렸습니다.
- **질문할 시기를 터득한다.** '마법의 질문'은 상담을 클로징할 때 사용하는 것이 아닙니다. 알고 싶은 것을 상대방에게서 들을 수 있는 '계기'입니다. 고객의 마음의 문을 열 수 있는 수단이기 때문에 성실함이 아주 중요합니다. 상대방의 일을 생각하고 질문한다면 틀림없이 대답이 돌아올 것입니다.

- **가능한 한 짧게 정리한다.** 과유불급^{過猶不及}이라는 말이 있죠. 상대방의 이야기를 들으면 들을수록 많은 것을 배울 수 있습니다.

- **'마법의 질문'을 사용하면 당신이 대화의 주도권을 쥘 수 있다.** 영업활동이 지금까지보다 훨씬 즐거워질 것입니다.

자기만의 질문 리스트

여러 번 강조했듯이 영업의 방식은 아주 단순합니다. 질문하세요. 당신과 회사 이야기만 해서 상대방을 지루하게 만드는 것은 이제 그만두세요. **중요한 것은 당신이 무엇을 팔고자 하는가가 아니라 고객이 무엇을 원하는가 입니다.** 영업의 프로는 상담할 때 언제나 자기 앞에 '질문 리스트'를 놓아둡니다. 그렇게 하면 무엇을 질문해야 하는지 정리가 됩니다. 마지막까지 헤매지 않고 끝낼 수 있습니다.

질문 리스트의 극히 간단한 샘플을 다음에 준비해 보았습니다. 실전에 사용하면 좋을 것입니다. 당신의 영업 스타일에 맞춰서 항목을 더하거나 빼도 괜찮고 변경해도 좋습니다.

간단 질문 리스트

회사명/이름:

방문일:

담당자명:

부서, 직책:

전화번호:

FAX번호:

메일 주소:

주소:

사업내용/작업

사업년수/나이:

종업원수/가족관계:

지점 유무/기타:

결정권

"결정할 때는 어느 분과 함께 의논하십니까?"

구매상품 종류(수량)

수량:

사용빈도:

재고수:

기타:

기존 세일즈맨

현재, 과거 세일즈맨:

계약기간과 그 이유:

불만사항(가장 중요!)

"현재 거래하는 업자에 대해 바꿀 수 있다면 바꾸고 싶은 것은

무엇입니까?"

영향('불만사항'에 대한 대답 참조)

"(불만사항으로 인해 고객 자신에게) 어떤 영향이 미치고 있습니까?"

상품가치('영향'에 대한 대답 참조)

"저희 회사라면 OO(상품이나 서비스의 이점)을 제공해드릴 수 있는데 어떻습니까?"

여기서 그 밖에도 거래업자보다 뛰어난 점을 검토:

1. 고품질

2. 사용의 편리성

3. 저렴한 가격

테스트 클로징의 사례:

"만약 지금의 예산 이하의 비용으로 상황을 개선할 수 있다면 구입을 고려하시겠습니까?"

지금부터는 질문 리스트의 각 항목을 자세하게 보도록 하겠습니다. "이번이 첫 방문으로 가망고객과의 신뢰관계를 구축하고 싶다"고 설정해 보겠습니다.

- **사업내용**: 이 질문을 통해 고객 회사에 대해 알고 싶어하는 마음을 전달합니다. 틀림없이 이야기가 잘 진행될 것입니다. 이 시점에서 회사 견학을 요청하고 내부를 살펴보는 것도 좋은 방법입니다.

- **결정권**: 상대방 이외에 이야기해야만 하는 사람은 없는지, 결단을 내리는 사람은 누구인지를 확인합니다.

- **종류(수량)**: 상품이나 서비스를 실제로 취급하는 부서의 규모나 형태를 주목합니다.

- **기존 세일즈맨**: 현재 상품이나 서비스를 제공하고 있는 업자(라이벌)에 관한 정보를 얻습니다. 단, 결코 라이벌을 헐뜯어서는 안 됩니다. 고객에게 "당신이 판단이 틀렸다", "그 업자를 선택한 것은 어리석었다"라고 말하는 것이나 마찬가지이기 대문입니다.

- **불만사항**: 현재의 거래업자에 대한 붙만도(또는 만족도)를 측정합니다. 만약 "이 이상 없을 정도로 만족"하는 상황이라면 일부러 검토해 줄 리가 없을 것입니다. 이 항목은 새로운 가망고객을 찾으러 가야 할 것인지, 앞으로 한 번 더 줄다리기해 볼 것인지를 판단할 수 있는 자료가 됩니다. 물론 도전정신으로 이미 만족하고 있는 고객을 빼앗기 위

해 애쓰는 세일즈맨도 있을 것입니다. 하지만 그것은 세일즈맨십이 아니라 단순한 이기주의일 뿐입니다. 라이벌 회사 세일즈맨에게 언젠가 이동이나 퇴직의 가능성이 있습니다. 그때 기회를 살릴 수 있도록 지금은 모든 고객에게 좋은 인상을 남겨두는 것이 중요합니다.

- **영향**: 불만사항 때문에 초래된 영향이나 문제에 관해 이야기를 듣습니다. 즉, 고객 자신이 현재의 거래업자에 대해 불쾌한 점을 되돌아보게 됩니다. 당신은 느긋하게 앉아서 즐기기만 하면 됩니다!
- **상품가치**: 불만사항이나 문제점을 확실히 들어서 알아낸 다음에는 그것을 역이용하여 다음과 같이 질문을 던집니다. "우리 회사라면 OO(상품이나 서비스의 이점)을 제공해드릴 수가 있는데 어떻습니까?"

그럼 여기까지 내용을 참고하여 당신의 질문 리스트를 구체적으로 생각해 보기 바랍니다. 고객의 '가망 정도'를 제대로 판단하기 위해 다음의 각 항목에 당신이라면 무엇을 질문하시겠습니까? 다음 Action Plan에 기재해 주세요.

- 사업내용과 결정권
- 거래업자
- 영향과 상품가치
- 종류(수량)
- 불만사항

Action Plan

고객의 가망 정도를 판단하기 위해 당신이라면 각 항목에서 어떤 질문을 하시겠습니까?

A. 사업내용과 결정권

1.

2.

3.

B. 종류(수량)

1.

2.

3.

C. 거래업자

1.

2.

3.

D. 불만사항

1.

2.

3.

E. 영향과 상품가치

1.

2.

3.

당신의 '마법의 질문'은 무엇입니까?

Quiz
05-1

---

1. 상담할 때 가장 중요시해야 하는 것은?

A. 질문

B. 자사 어필

C. 특징과 이점 설명

D. 표창 받은 것에 대한 프레젠테이션

2. 질문의 숫자는?

A. 10개가 적당하다

B. 100개가 적당하다.

C. 필요하다면 얼마든지 좋다.

D. 가능한 적을수록 좋다.

3. 상담할 때 질문은?

A. 자연스럽게 터득하는 게 당연하다.

B. 참으로 어색한 것

C. 불필요한 단계

D. 다른 스킬과 마찬가지로 연습이 중요

4. 어떤 영업활동에서도 목표는?

A. 가능한 고객에 대해 많이 배우는 것

B. 가능한 재빠르게 계약을 체결하는 것

C. (상대방에게 필요 없더라도) 될 수 있는 한
많이 판매하는 것

D. 계약을 체결할 때까지 돌아가지 않는 것

Quiz
05-2

---

5. 상담 중에는 반드시 해야 하는 행동은?

    A. 자기가 하고 싶은 말에만 100% 집중한다.

    B. 불리한 문제가 생길 수도 있으므로 과거 이야기는 되도록 피한다.

    C. 가능한 빨리 판매하는 방법을 모색한다.

    D. 과거에 대해 질문한다.

6. 과거에 문제가 있다면?

    A. 무시한다.

    B. 치유한다.

    C. 사과하고 마무리한다.

    D. 가장 가까이에 있는 출구를 통해 도망간다.

7. 당신의 마법의 질문은?

    A. 기적을 일으킨다.

    B. 상대방에게 최면을 건다.

    C. 알고 싶은 것을 들을 수 있는 계기가 된다.

    D. 아이들이 기뻐한다.

정답 1.A 2.C 3.D 4.A 5.D 6.B 7.C

PART 06

업적 향상의 포인트

Hal Becker's Ultimate Sales Book

고객 마케팅의
최선

뛰어난 세일즈맨은 기존고객을 확실히 유지하면서 항상 새로운 가망고객을 시야에 넣어두고 있습니다. 고객의 니즈는 세월이 지나면 변합니다. 기업의 방침이 바뀌는 일도 있는데, 특히 아무 이유도 없이 거래업자를 바꾸기도 합니다. 그럴 때를 대비해 평소에 가망고객 층을 두텁게 하고 고객으로 만들려는 방법을 모색하는 데 꾸준히 노력합니다.

기존고객을 유지하고 가망고객을 개척하기 위해서는 영업활동과 동시에 마케팅활동을 병행하면 상승효과가 더 커집니다. 일류기업에는 강력한 마케팅 툴이 있어서 정확한 데이터베이스를 기초로 최적의 PR 수단을 연구하고 있습니다. 물론 업종에 따라 Telephone Approach 팀에서 일제히 전화를 거는 단순한 방법이 효과적일 수도 있습니다. 변호사나 회계사 같은 직종은 컨트리클럽에 회원으로 등록하여 네트워크를 넓혀가는 것도 방법입니다. 견본시장으로의 진출이나 전시회 개최를 고려하고 있는 기업이라면 연간 개최 수를 가능한 한 늘려서 시장노출기회를 잡아야 합니다. 이렇듯 새로운 고객을 획득하는 수단은 다양합니다. 자기 회사 또는 영업팀에 알맞은 최적의 방법을 찾는 것이 제일 중요합니다.

오늘날에는 수많은 기업이나 탑 세일즈맨은 소셜미디어에 의지하고 있습니다. 영업이나 마케팅의 새로운 수단으로 페이스북, 유튜브, 트위터, LinkedIn 같은 것들을 이용하는 기회는 앞으로도 계속 증가할 것입니다. 저는 트위터를 사용하지도 않고, 페이스북으로 영업연수를 하더라도 후속반응들이 있을 거라고는 생각하지 않았습니다. 그런데 **건전한 미래지향적인 마케팅 플랜을 검토하고 있는 기업과 개인이라면 소셜미디어는 절대로 무시할 수 없는 위치로 자리매김하고 있습니다.** 다음 사항에 유의하면서 이용한다면 도움이 될 것입니다.

• 소셜미디어의 각 서비스가 타깃 층에 적합한가?
• 소셜미디어를 이용하기 위한 지식이나 기술은 있는가?
• 필요한 정보를 적극적으로 계속 갱신해 갈 수 있는가?
• 영업활동 시간을 허비하지 않고 이용할 수 있는가?

물론 소셜미디어 이외에도 업적을 향상시킬 수 있는 기회는 많이 있습니다.

기존고객의 경우:

- 기회가 있을 때마다 연락을 취한다.
- 만족하고 있는지(불만은 없는지) 질문한다.
- 다른 곳에도 소개해 주고 싶은 생각이 들도록 성실하게 행동한다.

가망고객의 경우:

- '제1관문'을 돌파하는 방법을 배운다(Lesson 22 참고).
- Telephone Approach, 개척방문영업, Direct Mail(E-메일)로 약속을 잡는다.
- 매일 새로운 가망고객을 찾아내는 노력을 한다.

네트워킹:

- 현지 상공인 모임이나 각종 동호회에 가입한다.
- 지역사회에 공헌한다.
- 자원봉사 활동에 참가한다.

신뢰관계 쌓는 법

"신규고객을 획득하는 열쇠는 끊임없는 네트워킹이다"라고 생각하는 세일즈맨이 많이 있습니다. 결과적으로 높은 확률로 계약을 이뤄낼 수 있다면 그걸로 아무런 문제는 없습니다. 대부분의 업종에서 사용할 수 있는 수단이며 항상 적극적으로 노력한다면 효과적으로 거래처를 늘려갈 수 있을 것입니다.

그런데 저는 네트워킹이라는 생각에 찬성하지 않으며 세미나 등에서도 가르치지 않고 있습니다. 가능한 한 저의 커리어와 인생에 빼놓을 수 없는 분들과 충실한 시간을 보내고 싶을 뿐입니다. 단순히 얼굴만 아는 사람을 늘려가는 것이 아니라 확실한 인간관계를 쌓아가는 것에 전념하고자 합니다. 그것이 네트워킹의 가장 순수한 형태가 아닐까요?

저는 네트워킹을 단순히 어떤 것을 팔기 위해 상대를 늘려가는 것이 아니라 인간관계를 구축하는 것이 본연이라고 정의합니다. 모임에서 많은 세일즈맨들이 형식적인 네트워킹을 하고 있는 모습을 본 적은 없나요? 마치 명함을 몇 장 나눠줄 수 있는지 경쟁이라도 하는 듯한 모습을 말입니다. 한 사람당 60초 정도 인사를 했을 경우 그 사람들 중에 몇 명이나 주문전화를 줄까요? 명함을 단순히 나눠주는 일에만 신경 써서는 상대방에게 좋은 인상을 심어줄 수 없습니다. 단순한 숫자의 일부로 간주되어서 기분 좋을 사람은 한 명도 없을 것입니다. 그런데 그걸 모르는 세일즈맨은 교환한 명함에 기대를 걸면서 다음날 전화를 겁니다. "기억하십니까? 어제 모임에서 60초 정도 만나서 명함을 교환했는데요……" 이렇게 해서는 상대방 기분만 상하게 할 뿐입니다. 세일즈 하는 것만이 목적이었구나 라는 생각을 들게 만들기 때문이지요. 사람들은 대체로 자기가 신뢰하거나 좋아하는 사람에게서 무언가를 사고 싶어합니다. 누구라도 모임에서 불과 60초 정도 인사를 나눈 사람에게 사고 싶어하지 않습니다.

비즈니스 세계에서 진정한 인간관계를 구축하기 위해서는 좀 더 상응한 수단이 있습니다. 예를 들어 보겠습니다.

• **고객과의 관계를 심화시킨다.** 각자의 고객을 위해 어떻게 하면 좀 더 가치 있는 존재가 될 수 있을까, 상대방한테서 무엇을 배울 것인가를

확실히 검토합시다. 한 쪽만 득을 보는 것이 비즈니스라고는 할 수 없습니다. 서로 같이 배우고 서로에 대한 이해를 넓힐 수 있는 진정한 관계가 된다면 영업활동도 잘 이루어질 것입니다. 만약 당신이 뛰어난 세일즈맨이라면 고객이 자기 친구나 지인을 소개해 줄 것입니다. 그렇게 다른 거래처가 늘어납니다. 핵심은 성실하게 사람과 마주하는 것입니다. '판매하고자 하는 욕망'을 인간관계의 토대로 삼아서는 안 됩니다. 소개만 받으면 그만이라는 다음은 상대방에게 반드시 전달됩니다. 결과적으로 당신의 평판을 떨어뜨릴 뿐입니다. 공감능력(Lesson 02 참고)을 잊지 말고 마음에서 우러나서 고객을 배려한다면 성과는 저절로 따라오게 되어 있습니다. 확실한 인간관계를 구축한 결과로서 비즈니스가 잘되어 가는 것이지요. 생각을 잘못해서는 안 됩니다.

- **고객을 선택한다.** 누구나 바쁜 일상을 보내고 있습니다. 더구나 나이를 먹음에 따라 하루가 점점 짧아져 갑니다. "그 말이 맞아!"라고 50대 이상의 분들은 생각할 겁니다. 업무이든 개인적이든 그 귀중한 시간에 누구와 만나는가에 의해 당신의 미래는 크게 좌우될 것입니다.

어떤 사람과 왜 진정한 만남을 가지고 싶은지 그 이유도 잘 생각해 보기 바랍니다. 인간관계의 다음 단계로 함께 나아갈 수 있는 고객을 신중하게 선택하세요. 성공을 위한 작전을 세운다는 생각으로 고객과의 관계를 다시 점검하기 바랍니다. 그렇게 함으로써 머릿속 생각도 커리어의 미래모습도 조금씩 정리될 것입니다.

- **가망고객을 선택한다.** 닥치는 대로 영업활동을 할 것이 아니라 당신이 '필요로 하는' 가망고객을 적극적으로 찾아야 합니다. 어떤 신규고객이 필요하십니까? 이유도 함께 생각해 보기 바랍니다. 예를 들어, 저라면 우선 기존 거래고객을 중요시합니다.

다음은 장소입니다. 어디에 갈 필요가 있는가를 확인하세요. 저의 거점은 클리블랜드이기 때문에 만약 가망고객의 본사가 샌디에이고라면 미대륙을 거의 횡단해야만 합니다. 이동시간은 전부 얼마나 걸릴 것인가? 그 시간을 들일만한 가치가 있는가? 가족을 떠나서 어떠한 희생을 꼭 지불해야만 하는가? 앞으로의 파트너가 될 사람이나 기업이 정말 마음에 드는가? 그들 앞에서 내가 나답게 행동할 수 있을 것인가(그렇게 내가 할 수 있도록 상대방이 배려를 해 줄 것인가)?

모두 사전에 자문자답이 필요한 질문들입니다. 닥치는 대로 개척방문을 하는 것에는 찬성할 수 없습니다. 사전에 잘 생각하고 기회를 최대한 살려야 장기적인 성공을 손에 넣을 수 있습니다.

소개영업을
늘리는 **핵심**

신규고객을 개척하는 가장 유용한 방법은 '소개'라고 할 수 있습니다. 실제로 어떻게 하면 소개영업을 늘릴 수 있을까요? 지금부터 말씀드릴 질문에 대한 답은 모두 저의 개인적인 의견입니다. 꼭 따라 할 필요는 없습니다. 저 자신의 방법으로 20년 이상 잘해 온 것뿐입니다. 영업방법은 사람마다 다른데, 혹시 개선이 필요한 상황이라면 한 번 실험해 보는 것도 나쁘지 않을 것입니다.

통계를 보면 미국 국내의 일반적인 비즈니스 강사는 연간 60~75회 정도 강연을 한다고 합니다. 저는 1991년 이후 매년 평균 140회 이상의 워크숍이나 강연을 하고 있습니다. 그러나 저는 그동안 개척방문영업을 한 적도 스스로 소개요청을 한 적도 없습니다. 100% 고객들이 자발적으로 소개해 준 덕분에 새로운 고객을 확보해 왔습니다.

그 비결은 과연 무엇일까요? 아쉽게도 "이것 하나만 하면 된다"라고 말씀드릴 수 있는 방법은 없습니다. 저는 지금의 자리에 이르기까지 작은 단계를 많이 거치면서 올라왔습니다.

지금부터 그 단계들에 관해 기술하기 전에 저와 정반대의 Approach를 통해 성공하고 있는 사람을 소개하겠습니다.

저의 친구이자 라이벌인 마브 몽고메리는 손으로 꼽히는 훌륭한 영업 트레이너로 함께 일한 적이 있습니다. 천성이 착하고 매우 신사적입니다. 소매업 세일즈맨으로 경력을 쌓은 다음 미국 최대 보석장신구점 체인에서 영업부장을 역임했습니다. 그 뒤에 독립해서 거의 20년이 되어가고 있습니다.

소개영업에 대해서는 그와 항상 의논합니다. 마브는 소개영업 과정을 가르치고 있고 그 방법을 직접 실천하면서 성과를 올리고 있습니다. 그에게서 교육을 받은 사람들도 마찬가지입니다. 마브는 사람들에게 소개를 부탁하는 것이 즐겁다고 합니다. 마브의 소개부탁을 싫어하는 사람은 거의 없습니다. 그는 성실하고 행동에 기품이 있으며 언제나 밝은 사람입니다. 이처럼 마브는 그만의 방법으로 성공하고 있습니다.

이제 저의 방법을 이야기하겠습니다. 우선 가장 중요한 것은 어떠한 직업이라도 마찬가지인데 좋은 일을 하는 것입니다. 너무나 당연한 말이죠? 최고의 세일즈맨이 되고 싶다면 무조건 열심히 일해야 합니다. 그리고 어떤 일이든지 여유를 가지고 할 수 있도록 준비와 계획을 게을리 하지 않는 것이 가장 중요합니다. 이런 당신의 태도를 고객이 보고 "소개해줘야지!"라는 생각이 들지 않는다면 말이 안 됩니다. **소개영업은 평소의 노력이 가져다주는 선물입니다.**

타인에게 의사를 소개할 때도 마찬가지지 않을까요? 좋은 일을 하는 의사라면 누구라도 부담 없이 소개해 줄 수가 있습니다. 출신 학교는 상관없습니다. 졸업 성적도 배상책임보험 가입 여부도 알 필요 없습니다. 단지 모두 자기가 신뢰하고 좋아하는 의사를 다른 사람에게 추천해 줄 뿐입니다. 대기실을 구석구석 관찰하지 않아도 겪은 것만으로도 소개하기에는 충분합니다.

당신은 주치의로부터 환자 소개를 부탁받은 적이 있습니까? "만약 의사를 찾고 있는 사람이 있다면 소개해 주시겠습니까?", "고혈압이나 요통으로 힘들어하는 지인이 있다면 알려 주세요", "소개하시기 어려우시면 제가 전화해도 될까요?"라고 말하는 의사는 실제로 없을 것입니다.

개업의가 비즈니스를 유지할 수 있게 되기까지는 세월이 걸립니다. 환자를 늘릴 수 있는 지름길은 없습니다. 현명하게 일하는 것, 항상 최신

의학지식을 도입하는 것, 어떤 환자라도 온 힘을 다해서 버팀목이 되어
주는 것이 성공으로 연결되는 것입니다.

세일즈맨이라면 단골고객과 바지런하게 연락을 취하기부터 시작하세요. 그
러고 나서 소개 수가 늘어나는지 그대로인지 확인해 보세요. 우선은 전
화해서 당신이 판매한 상품이나 서비스에 문제가 없는지 물어보세요.
다음 번 주문이 올만한 시기에만 주문을 받으러 돌아다니는 것과는 확
연한 차이를 느낄 것입니다. **판매목적 없이 하는 전화는 인간관계를 구축하는
강력한 도구가 됩니다.** 고객을 배려하는 세일즈맨의 마음이 전달되기 때문
이죠. 저도 항상 고객과 접촉을 유지하고 있습니다. 연락이 두절되면 마
음도 떠나기 쉽습니다. 자기 일을 잊어주기를 바라는 고객은 없습니다.
인사만 목적인 전화를 하는 경우도 있는가 하면, (도움이 될 만한) 다른
강사를 소개해 주는 경우도 있습니다. 저는 항상 성실하게 대하고 고객
이 말하는 것에 관심을 갖습니다. 그것이 바로 열쇠입니다.

개척방문영업의 '제1관문'을 돌파하는 방법

개척방문영업의 '제1관문'인 안내직원이나 비서는 결정권자를 만날 수 있는지 없는지를 결정짓는 핵심인물입니다. 그런데 이 제1관문에서의 커뮤니케이션을 힘들어하는 세일즈맨이 많습니다. 커뮤니케이션이 서투르면 그 자리에서 추출대상이 됩니다. 세일즈맨에게는 아주 극복하기 어려운 상대입니다.

제1관문의 돌파방법을 연수받은 세일즈맨은 거의 없을 것입니다. 저는 지금까지 안내직원이 제지하는 것을 듣지 않고 그냥 안으로 들어가려고 하는 세일즈맨들을 여러 번 목격했습니다. 안내 여직원의 마음을 달콤한 말로 사려는 사람도 있었습니다. 만약 그런 불성실한 방법으로 안내 여직원에게 상품 카탈로그를 건네주고 기뻐한다면 그 세일즈맨은 상당히 낙천적인 사람입니다. 사무실에서 나올 때쯤 그 카탈로그는 아마도 휴지통에 들어가 있겠지요.

한편 매우 건방진 태도로 안내직원을 마치 훼방꾼인 양 취급하는 세일즈맨들도 있습니다. '문지기'의 임무는 그런 건방진 사람들을 쫓아내는 일이라는 것을 잊지 말기 바랍니다. 가는 말이 고와야 오는 말이 고운 법이죠. 성의를 담아 대한다면 상대방도 그렇게 해 주게 되어 있습니다. 다른 세일즈맨에게는 없는 성실함이 있다면 그런 만큼 인상에 남을 것입니다. **정중하고 예의 바른 인간을 싫어할 사람은 없습니다.** 예를 들어, 당신이 기업을 방문했을 때 안내직원이 아주 바쁜 상황이라면 "바쁘시군요. 다음에 찾아뵐까요?"라고 묻는 것도 하나의 센스 있는 방법입니다. 그렇게 해달라고 하면 그 사람의 이름을 묻고 나중에 전화하면 됩니다. 눈치가 빠른 세일즈맨이라고 생각하게 되면 아군으로 생각해 줍니다. 굳이 적을 만들 필요는 없습니다.

몇 번이고 반복해서 강조하지만 영업활동에 질문은 필수사항입니다. 세일즈맨의 일이란 안내직원에게 상품을 파는 것도 상품 설명을 하는 것도 아닙니다. 간단하게 자기소개를 한 다음에는 그 기업에 대해 두세 가지 질문하는 것으로 충분합니다. **첫째로 결정권자는 누구인지, 둘째로 누구를 만나야 하는지**를 물어보십시오. "처음 뵙겠습니다. 홀이라고 합니다. 결정권을 갖고 계신 분이 누구십니까?" 단지 이 질문만으로 안내직원을 통과하고자 하는 의지가 전달될 것입니다. 그런데 어쩌면 안내직원이 싫은 인물일 수도 있습니다. 그럴 때에는 무리하게 거슬리지 않도록 해야 합니다. 그 회사의 영업시간을 넘기고 나서 방문하는 것이 현명합니다. 그때쯤이면 안내직원은 벌써 자리에 없을 것입니다. 권한이 있는 사람이라면 대개 프로의식이 강한 세일즈맨을 이해해 주겠지요. 시간을 넘기면서까지 일을 하는 열의를 느껴줄 것입니다. 상품을 사주지 않더라도 어쩌면 당신을 자기 회사 사원으로 채용해 줄지도 모릅니다. 기회는 그렇게 얻게 됩니다.

다만 조직의 긴축이 진행되고 있는 오늘날 안내직원을 없애버린 기업도 많이 있습니다. 건물 입구에는 유리창으로 막힌 무인안내소가 있을 뿐입니다. 그곳에 설치된 전화로 내선번호를 누르면 담당자에게 연결됩니다. 이런 기업에 관한 사전조사 없이 개척방문영업을 한다면 곤란해집니다. 이름도 아무것도 알아내지 못합니다. 운이 좋다면 적당히 번호를 눌러서 누군가한테 연결될 가능성도 있지만 저라면 예비계획을 세워둘 것입니다. Telephone Approach를 할 경우에도 마찬가지로 기계를 상대해야 하는 경우가 있습니다. 담당자 이름도 내선번호도 알지 못한다면 아무한테도 연결되지 않습니다.

프로는
6분 만에 결정짓는다

고객을 앞에 두고 본론에 들어가기까지 오랜 시간이 걸리는 세일즈맨이 아주 많습니다. 우선 날씨나 스포츠 같은 아무 상관없는 이야기로 시작합니다. 그것이 상대방에 대한 예의라고 생각할지도 모르겠지만 결국엔 시간 낭비일 뿐입니다. 날씨 이야기로 진정한 인간관계가 구축되지 않습니다. 꼭 기억하세요!

고객의 니즈를 파악하기 위해 꼭 필요한 것은 질문입니다.

저는 영업을 하러 갈 때 항상 모래시계를 가져갑니다. 높이 4 cm도 채 안 되는 작은 모래시계는 정확하게 6분간 작동합니다. 약 30년 전에 사용했던 것인데 당시에는 이걸로 재미를 아주 많이 봤습니다. 약속이든 개척방문영업이든 사무실로 안내를 받으면 이렇게 말합니다. "모래시계의 모래가 다 떨어질 때까지는 끝내겠습니다." Telephone Approach 단계에서 그렇게 약속한 적도 있습니다. 짧게 끝낸다고 생각하면 만나줄 가능성이 높아집니다. 어차피 단지 6분 정도밖에 안 되기 때문이지요.

저의 Approach는 항상 솔직하고 단순했습니다. 곧바로 본론에 들어갑니다. 우선 Telephone Approach를 할 때는 다음과 같습니다. "처음 뵙겠습니다. OO회사 홀 베커입니다. 6분간 귀사에서 뵐 수 있을까요? 그 이상은 절대 걸리지 않습니다. 6분 뒤에는 아마도 상품을 마음에 들어 하실 겁니다. 만약 그러지 않더라도 이런 신상품이 있다는 것을 알게 돼서 결코 손해 보지는 않을 겁니다. 어떻습니까?"

그다음에 사무실을 방문하면 의자에 앉아서 작은 모래시계를 꺼내놓고 이렇게 말합니다. "3가지만 간단하게 여쭙겠습니다. 모래가 전부 떨어지면 전화로 말씀드린 대로 일어나겠습니다." 그리고 다음과 같이 질문으로 들어갑니다.

1. 저희 회사를 알고 계십니까? ("예!"라고 하면) 어떤 사항을 알고 계십니까? ("아니요!"라고 하면) 이유가 있습니까?

2. 현재 계약하신 거래처(라이벌 회사)에 대해 어떤 점에 만족하고 계십니까? 불만인 점은 없습니까?

3. 만약 저희 회사와 거래하는 것이 이점이 있다는 사실을 아신다면 좀

더 저희 회사에 대해 알고 싶어하시겠습니까?

여기까지 대화하는 데 거의 6분. 전부 끝났다면 시간을 할애해 줘서 고맙다는 말을 하고 다음에 관련 전화를 해도 되는지 확인하고 나서 돌아옵니다. 상대방은 대체로 제가 시간을 지킨 사실에 감탄하는 것 같았습니다. 흥미만 있다면 다음에도 만나 줍니다. 더구나 저는 이미 신뢰를 얻기 시작한 상태입니다. 6분간이라고 하는 약속을 지킨 세일즈맨이기 때문이죠. 꼭 실험해 보기 바랍니다. 질문은 당신에게 어울리는 말과 내용으로 바꿔도 상관없습니다. 고객이 자신과 회사 일을 이야기하기 쉽게만 된다면 괜찮습니다. **논스톱의 프레젠테이션은 금물입니다.** 날씨나 스포츠에 대해서는 인간관계를 구축한 다음에는 언제든지 해도 좋습니다.

'커닝' 권장

예전에 이런 통계자료를 본 적이 있습니다. "대학생의 68%는 졸업할 때까지 4년 동안 적어도 한 번 이상 커닝을 한다." 실제로 마찬가지 결론을 도출한 조사가 몇 가지 더 있었습니다.

현지 일간지에서는 학생들의 독창적인 커닝 방법을 기사화 했습니다. 매우 독특한 내용입니다. 화학 시험에서 어떤 학생은 펩시콜라 페트병을 들고 교실에 들어갔습니다. 반입이 허가되어 있었다고 합니다. 시험 전날 밤에 그 학생은 페트병 라벨을 정성스럽게 떼어내고 스캔을 했습니다. 그리고 영양분과 칼로리가 표시된 부분에서 숫자를 전부 삭제하고는 대신 시험에 나올 것 같은 내용을 써놓고 완성된 것을 다시

병에 붙였습니다. 시험 도중 답으로 가득 찬 페트병은 쭉 그 학생 눈앞에 놓여 있었는데도 교사는 전혀 알아차리지 못했다고 합니다.

이런 재능과 시간이 있다면 실제로 공부를 하는 것이 더 좋을 텐데 말이지요. 그런데 재능을 엉뚱한 곳에다 사용했다고는 하지만 그 학생의 행동력과 창의성에는 탄성이 절로 나왔습니다. 장래에 반드시 어떻게든 성공하지 않을까요? 만약 화학자가 된다면 걱정이지만 말입니다.

어쨌든 학생이 커닝을 하는 것은 안 됩니다. 그런데 세일즈맨이라면 커닝을 잘해야만 합니다. 다만 제가 말하고자 하는 것은 일의 **사전준비를 게을리하지 말라는** 것입니다. 예를 들어, 의사라면 진찰 전에 환자의 진료 차트를 확인하고 초진인 경우에는 문진표를 확인합니다. 변호사라면 심문내용을 기록해 놓은 자료, 교사라면 수업계획표를 확인합니다. 그런데 세일즈맨에게는 상품의 카탈로그와 하얀 메모지만 주어질 뿐입니다.

그럼 세일즈맨은 실제로 어떻게 '커닝'을 하면 좋을까요? 방법은 간단합니다. 상담하기 전에 3~5분 정도 시간이 있다면 충분히 준비할 수 있습니다. 저는 지금까지 영업활동 현장을 헤아릴 수 없을 정도로 봐 왔는데 지난 30년간 다음과 같은 중요한 준비를 하는 세일즈맨을 만난 적이 거의 없습니다.

1. 상담 목표를 설정한다. 인사만 나누고 끝낼 것인가? 그렇지 않으면 다음 방문에 대비해서 정보를 수집할 것인가? 신뢰관계를 구축하는 단

계인지, 클로징까지 끌고 갈 것인지? 목표를 설정하세요.

2. 질문을 적는다. 묻고 싶은 것을 제대로 준비해 둔다면 상담 도중에 고객의 이야기에 집중할 수가 있습니다. 다음에 무엇을 질문할 것인가 생각만 하고 있어서는 중요한 사항을 놓치고 말 것입니다. 질문하는 측에 서게 되면 대화의 주도권을 쥐기가 쉬워집니다. 필요한 정보를 가능한 한 많이 얻어서 고객에게 가장 조합한 제안을 합시다.

대부분의 세일즈맨은 이렇게 말합니다. "질문을 적어둘 필요 따위 없습니다. 제 머릿속에 다 들어 있거든요." 그러나 그런 핑계는 통하지 않습니다. **어떠한 상담이더라도 준비에 최선을 다해야만** 합니다. 그렇게 해야만 여유를 갖고 임할 수가 있습니다. 고객에게는 프로다운 모습을 보여 줘야만 합니다.

초회방문 때 질문은 대부분의 경우에 사실조사에 필요한 항목을 한 페이지 정도로 정리할 수 있을 것입니다(Lesson 18 참고). 그것을 복사해 놓으면 어느 가망고객에게도 사용할 수 있을 것입니다. 각각의 상황에 맞춰 수정이 필요하다고 하더라도 그다지 큰 차이는 없을 것입니다.

질문을 확실히 준비해서 상담 도중에 '커닝'을 하더라도 고객에게 나쁜 인상을 주지는 않습니다. 오히려 생각 이상으로 목표를 달성할 수 있습니다. 단, 페트병에 붙여서 지참하는 꼼수는 쓰지 맙시다.

영업활동은 남녀의 데이트나 마찬가지

첫 데이트는 그렇게 즐거웠는데 그 뒤 이틀이 지나도 사흘이 지나도 상대방으로부터 연락이 없습니다. 이런 경험 해본 적 있나요? 결국 자기가 먼저 전화를 하거나 음성메시지를 남긴 사람들이 많이 있을 것입니다. "지난번에는 즐거웠어요. 또 만날 수 있다면 기쁠 것 같아요. 만약 전화해 줄 거라면 제 핸드폰 번호는……"

그런데 그러고 나서 또 며칠이 지나도록 기다려도 연락은 없습니다. 그래 마지막으로 한 번만 해 보자면서 또 음성메시지를 남깁니다. "OO입니다. 다시 만날 수 있을지 어떨지 한 번 더 묻고 싶어서……"

데이트는 즐거웠는데 왜 그런지 자기한테 흥미를 보이지를 않습니다. 이유를 알지 못한다면 정말 답답하겠지요? 그런데 이러면 이 시점에

서 포기하는 것이 최상입니다. 스토커가 돼서 수백 번 메시지를 남겨서
는 안 됩니다.

세일즈맨도 아주 비슷한 잘못을 범합니다. 대답이 없다고 해서 지나치
게 전화를 하면 그냥 귀찮은 존재 취급을 받게 됩니다. 절대로 추천할 만한
영업수단은 아닙니다. 대책을 들자면 전화번호를 모르게 한 상태에서 걸
면 되겠지요. 그리고 몇 번이고 똑같은 시간에 거는 게 아니라 시간을 바꿔
서 거는 겁니다. 상대방이 받으면 단도직입적으로 이렇게 말하는 겁니다.
"OO회사 홀입니다. 한 가지만 말씀 드리겠습니다. 어떤 대답을 하시더라
도 상관없습니다. 정말입니다. 지난번 뵙고 나서 아직 여쭈지 못한 관계로
저희 회사 상품에 대해 어떻게 생각하시는지 궁금해서요. 귀찮게 할 생각
은 전혀 없습니다. 의견만 말씀해 주시면 고맙겠습니다."

어쨌든 대답은 들을 수 있을 것입니다. 상대방에게서 사실을 들을 수
있다면 더더욱 고마운 일이겠지요. **이쪽이 솔직하게 묻지 않는 이상 솔직한
대답은 들을 수 없습니다.** 반 강제적이 되지 않도록 "관심이 있어서 그저 대
답을 듣고 싶다"는 마음을 솔직하게 전달한다면 곧바로 대답이 돌아올
것입니다. 100% 뜻한 대로 된다고는 할 수 없습니다. 아무것도 하지 않
고 허둥대는 것보다는 낫겠지요. 게다가 질문 리스트를 통해 이미 고객
정보까지 파악했습니다. 앞으로의 영업방법이나 상품(서비스)을 재검토
할 수 있는 힌트가 되어 줄 것입니다.

———

1. 고객을 처음 만났을 때와 네트워킹을 할 때에는?

    A. 날씨나 스포츠 같은 무탈한 이야기를 한다.

    B. 다른 사람들과는 차별화된 질문을 성실하게 한다.

    C. 자기 이야기만 계속 늘어놓는다.

    D. "저는 뛰어난 세일즈맨이라서 당신의 일상을 개선해 드릴 수 있습니다"라고 어필한다.

2. 고객을 소중히 여기기 위해서는?

    A. 자주 연락을 취한다.

    B. 일 년에 한 번 정도 전화한다.

    C. 문제가 있을 때에만 전화한다.

    D. 어쨌든 소개를 요청한다.

3. 좋은 인간관계를 구축하려면?

    A. 30초 동안의 엘리베이터 스피치(엘리베이터를 타고 있는 것처럼 얼마 안 되는 시간에 간결하게 프레젠테이션)를 한다.

    B. 누구와의 만남을 깊게 가질 것인가를 잘 생각하고 시간을 들여 구축해 간다.

    C. 자선 이벤트에 나가서 기부한다.

    D. 닥치는 대로 개척방문영업을 한다.

Quiz
06-2

---

4. 거래처를 늘리는 데 유익한 방법은?

    A. 고객과 좋은 인간관계를 구축하고
       소개영업으로 연결한다.
    B. 소셜미디어를 이용한다.
    C. 네트워킹
    D. 위 3가지 모두 정답

5. 개척방문영업의 제1관문이란?

    A. 로비의 대화면 TV
    B. 안내직원과 비서
    C. 커피를 타 주는 사람
    D. 세일즈맨의 방해가 되는 사람

6. 처음 제1관문에 섰다면?

    A. 잽싸게 통과한다.
    B. 될 수 있는 대로 추파를 던진다.
    C. 도넛으로 매수한다.
    D. 성실하게 대한다.

7. 제1관문을 돌파할 수 없다면?

    A. 온 힘을 다해 빠져나간다.
    B. 도넛을 더 건넨다.
    C. 영업시간이 끝나고 나서 전화한다.
    D. 몇 시간 뒤에 다시 한 번 찾아간다.

8. 상담하기 전에는 반드시?

    A. 화장실에 다녀온다.

    B. 세차해 둔다.

    C. 와인을 한 잔 마신다.

    D. 질문을 기록해 둔다.

9. 세일즈맨의 핑계는?

    A. "질문은 머릿속에 다 들어 있으니까 기록해 둘 필요 따위 없다"

    B. "나는 머리가 좋아서 뛰어나기 때문에 누구라도 날 좋아한다"

    C. "사람을 잘 사귀니까 파는 건 간단하다"

    D. "영업부장 따위 맡기 싫은데 좀 가만 놔두면 안 될까?"

10. 상담 중에 질문 리스트를 눈앞에 두면 고객은?

    A. 당신을 능력 없는 사람이라고 생각한다.

    B. 좋은 인상을 품는다.

    C. 기분이 좋아져 춤을 춘다.

    D. 다음 바비큐 파티에 초대해 준다.

정답 1.B 2.A 3.B 4.D 5.B 6.D 7.C 8.D 9.A 10.B

Hal Becker's Ultimate Sales Book

개척방문영업, Telephone Approach, Direct mail(E-메일)

탑 세일즈맨은 다음 두 가지를 반드시 실천하고 있습니다. 첫 번째는 고객을 소중히 여기고 바지런하게 연락을 취하는 것이고, 두 번째는 가망고객의 개척을 쉬지 않고 계속하는 것입니다. 이 Lesson에서는 두 번째를 중심으로 개척방문영업과 Telephone Approach를 통해 신규고객을 획득하는 방법을 살펴보겠습니다.

우선 개척방문영업은 약속 없이 고객을 방문합니다. 힘이 완전히 소진되지 않고 여러 곳을 방문할 수 있는 지역에서 가장 효율적으로 일할 수 있습니다. 하루에 10~20건 정도면 적당할 것입니다. '제1관문'을 돌파하는 방법에 대해서는 Lesson 22를 참고하기 바랍니다.

세일즈맨에게는 각자 개성이 있어서 특히 개척방문영업 때 특징이 나타나기 쉬운데 기본은 누구에게나 마찬가지입니다. 우선 자기소개를 하고, 시간을 내줄 수 있도록 부탁하고, 수 분 동안 질문하면서 상품이나 서비스가 상대방 니즈에 맞는지 아닌지를 확인합니다. 만약 니즈에 일치한다면 상품이나 서비스의 이점을 간단하게 설명하고 다음 약속을 잡습니다.

아, 여기서 다음 약속에 대해서 언급하겠습니다. 다음 약속이라니? 잘못 읽은 게 아닙니다. **영업활동의 최종적인 목표는 좋은 인간관계를 구축하는** 것입니다. 고객은 세일즈맨에게 일을 방해받는 것을 기다리고 있었던 게 아닙니다. 틀림없이 바쁘고 얼마든지 다른 할 일이 있었을 것입니다. 일부러 시간을 할애해 준 것을 잊지 마세요. 지금은 짧게 끝내는 쪽이 오히려 더 좋은 인상을 남길 수 있습니다. 흥미가 있다면 반드시 또 만나줄 것입니다. '다음번에는 정식적인 미팅'을 하기로 했다면 그때에는 상대방이 당신을 기다려 줄 것입니다. 쌍방의 준비가 완료된 상태에서 이야기를 진행할 수 있지요.

개척방문영업이 재미있는 것은 다음에 어떤 일이 일어날지 모른다는 매력 때문입니다. 모든 것이 순조롭게 진행되는 날이 있는가 하면 사사건건 안 되는 날도 있습니다. 매 기회가 승부처인데 지속해 가는 동안에 결과는 따라오게 되어 있습니다.

Telephone Approach는 개척방문영업의 전화 버전으로 보면 됩니다. 목적도 마찬가지입니다. 다음 약속을 잡는 것입니다. 절대로 전화로 계약하는 것은 아닙니다. 개척방문영업을 할 때도 그랬지만 고객은 당신 전화를 기다리고 있었던 게 아닙니다. 질문 리스트를 준비해서 불필요한 시간 낭비 없이 본론으로 들어가세요. 내용이 없이 말하는 것은 고객이 절대 바라는 바가 아닙니다.

참고 또 참아도 잡담을 하고 싶다면 용건이 끝나고 나서 하기 바랍니다. 그때는 상대방이 흥미를 가질만한 것을 화제로 삼는 것이 중요합니다.

개척방문영업이나 Telephone Approach에는 다음과 같은 특징도 있습니다.

- 지리적으로 먼 지역에서의 영업활동은 Telephone Approach가 적합합니다.
- 세일즈를 거절할 때에는 전화를 끊는 것이 간단합니다. 개척방문을 한 경우 사무실에서 쫓겨나는 것은 어렵습니다. 얼굴을 맞대고 이야기하는 쪽이 상대방에게 인상을 남기기 쉬운 법입니다.
- 같은 시간이라면 Telephone Approach가 수를 더 많이 늘리는 데 적절합니다. 다만 친근감은 느끼기 어려울 수 있습니다.
- 개척방문영업을 할 때 Telephone Approach보다 수는 적지만 실제로 얼굴을 마주 볼 수 있는 만큼 인간관계를 구축하기 쉽습니다. 사무

실을 돌아다니면서 여러 가지 정보를 얻을 수도 있습니다.

E-메일은 거의 누구나 사용하고 있습니다. 전화번호보다 메일주소를 알아내기 더 쉬울 것입니다. CEO의 메일주소가 공개된 경우도 있습니다. 또한 매우 간단하고 사소한 질문에 대한 대답을 듣기에도 적합합니다. 짧은 메일 하나로 약속을 잡을 수도 있습니다. 다만 직접 만나서 이야기를 나누는 것이 더 좋은 사항인데 메일로 끝내는 어리석은 짓은 하지 맙시다.

E-메일의 단점은 스팸메일로 차단당할 위험이 있다는 것입니다. 차단되지 않더라도 고객에 따라서는 읽지 않고 삭제해 버리기도 합니다. 이에 대한 대책으로 상대방의 홈페이지를 방문하여 '질의응답'을 통해 연락하는 것도 하나의 방법입니다. 거의 모든 사이트에 있기 때문에 마지막 수단으로 사용하면 괜찮을 것입니다. 내용을 잘 짜서 결정권자에게 틀림없이 도착하도록 메시지를 첨부하는 것도 잊지 마세요.

메일은 정보를 신속하게 주고받는 데 적합하지만 대면 커뮤니케이션을 대신할 수 있는 것은 아닙니다. 기존고객을 유지하고 가망고객을 개척하기 위해서는 **실제로 얼굴을 맞대고 인간관계를 구축하는 것이 이상적입니다.**

세일즈 토크에
대본은 필요 없다

Telephone Approach를 할 때는 대본을 사용하라고 지도하는 기업이 지금도 많다는 사실이 너무 놀랍습니다. 매뉴얼로 성공한 예는 지금까지 단 하나도 없습니다. 앞으로도 그럴 것입니다. 설령 잘 진행되더라도 세세한 질문 리스트를 통해 획득할 수 있는 수에 비하면 여전히 미흡합니다.

여기서 '매뉴얼'이라고 하는 것은 종이나 텍스트 파일에 기록한 세일즈 토크의 '대본'으로, 회사에 관한 설명이나 제안 내용 등이 모두 대사화되어 있습니다. 이와 같은 Telephone Approach는 일방적인 것이 되기 쉬우므로 금방 상대방이 싫어하게 됩니다. 대본을 책 읽듯이 말하는 것을 일부러 시간 내서 듣고 싶어하는 사람이 있겠습니까? 매뉴얼을 사용하는 것은 낡은 방법이라든가 새롭다든가 그런 차원의 이야기가 아닙니다. 근본적으로 잘못된 영업방법입니다.

그 증거로 한 사례를 들어보겠습니다. 매뉴얼의 효과 따위 없는 데도 있다고 굳게 믿고 있는 기업은 실존합니다. 이는 불과 중소기업에 한정된 이야기가 아닙니다. 〈포춘〉지 100대 회사에 들어가는 대기업까지도 영업전술의 하나로서 매뉴얼을 작성하고 지속해서 이용하고 있습니다. 제 친구 마브는 실제로 다음과 같은 Telephone Approach를 받았다고 합니다(그는 미국 최대 보석장신구점 체인에서 영업교육부장을 역임한 경험이 있습니다).

전화는 이렇게 시작되었습니다. "안녕하십니까? ABC 회사의 데이비드라고 합니다. 저희 회사는 굴뚝 청소를 전문적으로 하고 있는데 오늘은 특별한 제안이 있어서 전화 드렸습니다. 단지 35달러로 굴뚝 청소와 내부 각 부품에 대한 기름칠을 해 드리고, 새나 다람쥐가 집 안에 들어오는 것을 막아주는 망 설치까지 가능합니다. 기능 점검까지 모두 포함해서 35달러면 되는데 어떻습니까?"

거기서 마브는 이렇게 대답했다고 합니다. "특별 제안입니까? 참 훌륭하군요. 그런데 우리 집에는 굴뚝이 없는데 어떡하죠?" 웃음이 나오는 이야기 아닙니까? 그 회사는 다음과 같이 전화했어야만 합니다. "안녕하십니까? ABC 회사의 데이비드라고 합니다. 저희 회사는 굴뚝 청소를 전문적으로 하고 있습니다. 두세 가지 간단하게 질문 드려도 되겠습니까? 45초 안에 끝날 겁니다. 약속드리겠습니다."

그리고 상대방이 "그렇게 하세요"라고 하면 이렇게 묻습니다. "댁에 굴뚝은 있습니까?" 대답이 "예!"라면 다음 질문을 합니다. "지난번 청소한 것은 언제입니까?" 그 대답에 따라 만약 필요하다면 여기서 특별 제안에 대해 설명하면 됩니다.

고객과의 대화는 쌍방향이어야 합니다. 일방통행만 하고 있다면 고객과의 커뮤니케이션은 이뤄지지 않습니다. 질문하고 이야기를 듣고 정보를 얻어내야 합니다. 그것이 영업활동의 본모습입니다. 일방적으로 강매 당해서 기분 좋을 고객은 없습니다.

그런데 믿기지 않을지 모르겠지만 대부분의 기업들이 잘못된 Telephone Approach를 하고 있습니다. 현실을 보지 못하고 자기들만의 방법만 옳다고 굳게 믿고 있는 것입니다. 대체로 이런 매뉴얼을 만들고 있는 관리직의 대부분은 제대로 된 영업 트레이닝을 받아보지 못한 사람입니다. 최근에 어느 영업 책자를 읽었는지, 작년에 어떤 연수를 받았는지 물어보기 바랍니다. 아마도 대답하지 못할 것입니다.

마지막으로 제가 받았던 바람직한 Telephone Approach의 사례도 들어보겠습니다. 자동차 앞 유리창 수리회사에서 전화가 왔습니다. 그 세일즈맨은 자기소개를 한 다음 "한 가지 간단히 질문해도 되겠습니까?"라고 말을 꺼내고는 다음과 같이 물어왔습니다. "지금 앞 유리창에 흠집이나 금이 가지는 않았습니까?" 여기서 제가 "아니요!"라고 했다면 이야기는 거기서 끝났을 겁니다. 하지만 저는 "예!"라고 대답했습니다. 작은 흠집이 있었던 것은 사실이니까요. 세일즈맨은 계속했습니다. "자택이나 직장에서 이야기를 들을 수 있다면 40달러에 수리해 드리겠습니다. 어떠십니까?" 저의 앞 유리창 흠집은 그 후 곧바로 없어졌습니다.

가망고객에게
답신연락을 받기 위한 요령

매일같이 계속되는 영업활동은 즐기면서 해야 합니다. 사람은 웃기를 좋아하고 아무리 진지한 사람이라도 숨겨진 장난기가 하나쯤 있습니다. 고객에게 연락을 취할 때 친근감이 가득 한 적절한 유머를 섞는 것이 중요합니다. 〈I'll Get Back to You〉의 저자인 로버트 슈크도 그렇게 생각하고 있습니다. 그는 책을 통해 고객한테서 반드시 답신연락을 받을 수 있는 156가지 요령을 설명했습니다.

여기서는 제가 20년도 더 전에 사용했던 테크닉을 소개하고자 합니다. 예를 들면 **가망고객에게 연락이 돌아오지 않을 때에는 다음과 같은 팩스를** 보내고 답을 하나 고르도록 했습니다.

- 메시지 메모를 잃어버려서 깜빡 잊고 있었다.
- 단지 흥미가 없다.
- 포기해 주기만을 기다리고 있다.
- 영원히 휴가 중이다.

이런 식으로 약간의 유머를 섞게 되면 대부분 '픽' 하고 웃고는 전화를 줍니다. 심지어 팩스를 다시 보내 주고는 제가 전화를 주기를 기다린 고객도 있었습니다. 어느 쪽이든 그 시점에서 서로가 새로운 기분으로 다시 시작할 수가 있습니다. 어떤 일을 웃으면서 즐긴다고 하는 공통점을 발견했기 때문이지요.

그럼 다음에 여러분도 시험해 볼 수 있는 재미있는 아이디어의 예를 3가지 들어보겠습니다. 슈크의 책에 실려 있지만 지금도 충분히 활용이 가능합니다.

1. 몇 년 전 저는 어떤 남성을 우연히 만났습니다. 체중 100 kg이 넘는 그는 라인버거의 열혈 세일즈맨입니다. 그는 초등학생이 살 법한 귀여운 발렌타인데이 카드를 사서 인사 대신에 기존고객과 가망고객에게 우편으로 보내고 있었습니다.

2. 거래상대가 귀찮은 절차에 얽매인 기업인 경우, 특히 전혀 이야기가

진전되지 않는 원인이 그 형식주의에 있는 경우라면 이렇게 해 봅니다. 빨간 테이프red tape[4]를 사서 끝까지 풀고 공처럼 둥글게 감아서 보냅니다. "이렇게 빨간 테이프를 모두 풀어버렸으니까……"(오래된 관습에서 벗어나길 바란다는 의미)라고 카드를 첨부해 두는 것도 잊지 마세요.

3. "답신연락 드릴게요"라고 하고는 아무런 연락도 없는 가망고객은 없습니까? 할로윈 때 플라스틱의 작은 해골과 관을 구입하세요. 그리고는 해골을 관 속에 넣고 카드를 첨부해서 보냅니다. "전화를 기다리다 이렇게 되었답니다!"

---

* * * **4) red tape:** 17세기 영국의 관청에서 붉은 끈으로 공문서를 묶었던 데서 유래한 것으로 관청식의 번거로운 형식주의를 지칭한다.

스마트 영업에서 성공할 수 있는
'4가지 포인트'

왜 좀 더 일찍 알아차리지 못했을까 하면서 몸서리 쳐질 정도로 좋은 아이디어가 떠오르는 일이 가끔 있습니다. 지금부터 소개하는 아이디어에는 150달러 정도의 투자가 필요하지만 원금은 충분히 회수할 수 있었습니다. 실제로는 100배 이상의 이익이 났습니다. 절대로 거창하지 않습니다.

몇 년 전 생일날 일입니다. 아내가 작은 비디오카메라를 선물해 주었습니다. 좋은 장난감을 얻게 되면 누구나 재미있는 용도로 쓰고 싶어합니다. 마침 그때 친구들이 1970년대 에 결성했던 밴드를 재결성하자는 이야기를 해 왔습니다. 오리지널 멤버로 구성하고 싶었는데 유감스럽게도 초대 드러머는 이미 사망하고 없었습니다. 게다가 2대 드러머는 수개월 전에 교통사고를 당한 상태였습니다. 리더는 그것도 모르고 너무 마음만 앞선 나머지 큰 야외 공연장을 예약했습니다.

디지털카메라로 무언가 재미있는 것을 할 수 있지 않을까 싶어서 찾아보던 저는 그들의 곡에 맞춰 드럼을 두들기는 모습을 지인에게 찍게 했습니다. 그리고 완성된 비디오를 밴드 멤버와 친구에게 메일로 보냈습니다. 틀림없이 재미있어 할 것이라고 생각했습니다. 그런데 예상 밖의 일이 전개되었습니다. 밴드의 한 멤버가 비디오를 보고는 콘서트에 참가하지 않겠냐고 얘기해 왔던 것입니다. 사실 저는 예전에 딱 한 번 그 멤버들과 드럼을 연주한 적이 있었습니다. 그래서 저라면 마지막 멤버로 나쁘지 않겠다고 생각했던 것 같습니다. 최종적으로 전원 오리지널 멤버로 재구성이 가능하게 되었습니다. 물론 콘서트에서는 두 명의 전 드러머에 대한 찬사를 잊지 않았습니다.

이 사건을 계기로 영업활동의 아이디어가 떠올랐습니다. 디지털카메라로 재미있는 체험을 한 저는 어느 날 샤워를 하던 중에 "그래, 이거야!"라고 스치는 것이 있었습니다. 가망고객에게도 동영상을 보내보자. 동영상은 30초 이내로 엄격하게 선정한 몇 개 회사에 메일을 보내면 좋을 것 같았습니다. 최종 선택한 것은 4개 회사였습니다. 영업 트레이너로서 저를 채용하는 것에 관해 결론을 내리지 못하고 있던 회사들입니다. 즉시 회사동료에게 카메라를 가지고 사무실에서의 저의 모습을 촬영하게 했습니다. 비디오 4편을 촬영하는 데 약 10분간, 메일을 보내는 데 걸린 시간도 거의 그 정도였습니다. 그리고 얼마 있지 않아 3개 회사로부터 답신이 왔습니다. 그 가운데 2개 회사는 정식으로 일을 의뢰해 주었습니다. 아이디어의 효과는 분명했습니다. 더구나 즐겁고 간단하게 실행할 수 있었습니다.

여러분이 지금부터 실천할 경우에는 다음의 4가지 포인트를 주의해 주기 바랍니다.

1. 동영상은 요점만을 간결하게. 45초 이내로 정리합니다.

2. 내용은 가볍게. 무거운 클로징은 필요 없습니다.

3. 고객에게 줄 수 있는 이점에 초점을 맞춘다. 다만 상대방이 재미있게 감상할 수 있도록. 스스로도 즐기는 것을 잊지 말기 바랍니다.

4. 창의력을 발휘한다. 개성이 있다면 인상을 남기기 쉽습니다.

영업활동은 Top Down 방식으로 공략하자

사람이라면 상처받기 싫어하고, 어려운 것은 꺼립니다. 영업활동을 할 때도 마찬가지입니다. 저항이 적은 길을 선택하기 쉽습니다. "아니요!"라는 말을 듣고 싶지 않기 때문이지요. 이를 위해 상담을 쓸데없이 길게 끈다든지, 결정권이 없는 사람에게 팔려고 한다든지, 질문의 본질에서 눈을 딴 데로 돌린다든지……. 심한 경우에는 질문하는 것마저도 포기하는 세일즈맨도 있습니다. 확실하게 거절당하지만 않는다면 기회는 있을 것이라고 믿고 싶은 것이겠지요. 세일즈맨의 대부분이 여전히 "아니요!"를 두려워하는 것은 영업 트레이너인 저에게 있어서 매우 충격적인 상황입니다.

‘프로’ 세일즈맨과 그렇지 않은 세일즈맨의 차이는 큽니다. 그 가운데 하나는 만나야 할 사람을 만나고 있는가 아닌가입니다. 이것은 기본 중의 기본이라 할 수 있습니다. “‘예!’라고 하는 권한이 없는 사람한테서 “아니요!”를 당하지 않겠다’가 저의 신조입니다.

실제로 결정권자를 만나게 된다면 처음에 이렇게 질문하면 됩니다. “결정하실 때는 누구와 함께 결정을 내리십니까?” 기업에 따라서는 임원 회의 등에서 결재하는 때도 있습니다. 그런 사항은 질문하지 않으면 알 수가 없습니다.

여기에 낭보가 있습니다(저도 현장의 세일즈맨이었던 25년 전에 만약 이 것을 알았다면 좋았을 걸 하고 안타까워하고 있습니다). 젊었을 때 저는 저보다 연상인 사람이나 지위가 있는 사람을 아무 이유 없이 두려워했습니다. 그런데 사람은 다 같은 사람입니다. 해를 거듭함에 따라 그 명제는 명확해 졌습니다. 대체로 ‘권한이 없는 사람’ 가운데는 결혼으로 경영자의 친족이 되었다든가 마침 그 집안에 태어났을 뿐인 경우도 많이 있습니다. 적당한 때에 적당한 곳에 있어서 타이밍 좋게 그 자리에 앉은 사람도 있는 법입니다. 물론 열심히 일해서 지금의 직함을 얻은 사람도 많이 있구요.

그럼 세일즈맨으로서 이러한 권력이 있는 상층부는 피해야만 하는 것일까요? 아닙니다. 피하지 마세요. **영업활동은 Top Down 방식이 철칙입**

니다. 잘못 읽으신 게 아닙니다. 상층부, 즉 Top부터 공략하기 바랍니다.

어떻게 하면 좋을지 예를 들어보겠습니다. 우선 CEO 사무실로 전화해서 비서에게 묻습니다. "안녕하십니까? 홀이라고 합니다. 한 가지 간단하게 질문 드려도 되겠습니까? 2~3초 정도면 끝납니다. OO에 대한 결정권을 갖고 계신 분이 누구십니까?" 이걸로 결정권자의 이름을 알 수 있습니다. 잘만 되면 직통 전화번호도 알 수 있습니다. 그리고 난 다음 본인에게 전화합니다. 부재중일 경우에 메시지 남기기는 금물입니다. 상대방은 당신에게 답신전화를 할 의무가 없으니까요. 연락을 취하는 것은 영업활동을 하고자 하는 당신 쪽이어야 합니다. 전화가 연결되면 이렇게 말하세요. "안녕하십니까? OO회사의 홀이라고 합니다. 비서인 존스 씨가 이 번호로 연락하는 것이 좋을 거라고 해서 연락드렸습니다. 두세 가지 질문 드리고 싶은데 지금 괜찮으시겠습니까? 결코 75초 이상은 걸리지 않을 것입니다."

어쨌든 단순하면서도 활기차게 그리고 즐겁게 말합니다. 목적은 전화로 계약하는 것이 아닙니다. 두세 가지 질문을 통해 고객의 관심을 끌고 약속을 잡는 것입니다. 이것을 잊어서는 안 됩니다. 한 번 더 반복해서 강조합니다. **목적은 전화로 계약을 성사시키는 게 아닙니다. 단지 약속을 잡는** 것입니다. 상대방은 당신의 전화를 기다리고 있었던 것이 아닙니다. 결정권자에게 이 전화가 도움되는 것입니까? 만나서 이야기를 들을 가치는 있습니까? 당신이 어떻게 하고 싶은지는 잊어버리기 바랍니다. 고객이 원하는 것은 무엇입니까? 상대방의 니즈를 소중히 하면 약속을 잡을 수 있는 확률도 당연히 높아질 것입니다.

가망고객 유지하기

대부분의 세일즈맨은 매달의 계약 건수에 지나치게 신경을 씁니다. 실적이 좋은 달이 있더라도 항상 다음 달이 걱정됩니다. 관리직도 마찬가지입니다. 호조를 보이는 달은 계속될 것인지, 어떻게 하면 지속시킬 수 있을지 고민입니다. 이것은 특정 업종에 한정된 이야기가 아닙니다.

장기적인 성공을 가져오는 열쇠는 눈앞의 계약에 얽매이지 않는 것입니다. 한 건 한 건의 상담에서 계약을 이뤄낼 수 있는지 아닌지는 단기적인 목표에 지나지 않습니다. '현재'밖에 시야에 들어오지 않는 것입니다. 장기적인 목표(예를 들면, 1년 뒤의 목표)를 지향해 주십시오. 항상 미래를 파악하고 행동한다면 장기간에 걸쳐서 실적이 안정화될 수 있을 것입니다.

통계자료를 보도록 하겠습니다. 기업과 거래를 할 때 세일즈맨은 "정당한 가망고객의 50~70%와 계약에 이르게 된다"고 하는 여러 조사결과가 있습니다. '정당한'이라고 하는 것은 "본래 흥미가 있었다"는 의미입니다. 즉, 누구한테 살 것인가, 얼마나 살 것인가, 언제 살 것인가를 검토할 생각을 이미 갖고 있었다는 것입니다. 예를 들어, 어느 달의 정당한 가망고객이 4개 회사라고 한다면 통계에 따르면 그 가운데 2개 회사와 계약이 이뤄지게 됩니다. 그 세일즈맨에게 부여된 영업목표가 4개 회사라면 50%를 달성할 수 있게 됩니다.

이런 이야기를 하고 있다 보면 제가 세일즈맨이 되고 나서 얼마 되지 않았을 때의 일이 생각납니다. 제가 일했던 제록스사에서는 한 달에 5대의 복사기(대형 복사기는 아닙니다)를 파는 것이 목표였습니다. 즉, 5대를 판매하면 목표의 100%를 달성할 수가 있었던 것이죠. 그런데 영업사원들은 모두 250% 달성을 목표로 하고 움직였습니다. 매 분기별 고액의 보너스가 기다리고 있었기 때문이었습니다. 만약 일 년 내내 250%를 유지할 수 있다면 매 분기별로 보너스가 가산되고 게다가 연말 보너스도 상당한 액수로 올라가게 됩니다. 따라서 저의 커다란 목표도 250%(또는 그 이상)를 달성하는 것이었습니다.

목표를 설정하는 것은 간단합니다. 5대가 100%라면 적어도 13대를 팔아야 250%를 달성할 수 있습니다. 달성하기 쉬운 과업은 아니지만 전

화 횟수나 방문 횟수를 정하고 계획을 세워서 시종일관 실천한다면 달
성 못 할 목표는 아닙니다.

앞에서 기술한 통계자료를 참고로 계약률이 50%라고 하면 13대를 팔
려면 26건 이상의 가망고객이 필요합니다. 저는 딱 떨어지는 숫자를 좋
아하기 때문에 30건으로 하기로 했습니다. 매우 단순한 계획입니다. 군
더더기도 없습니다. 이 정도면 어떻게든 해낼 수 있을 것 같았습니다.
"탈선하지 않고 노력한다면 괜찮을 거야"라고 주문을 외웠습니다. 저는
판다는 사실은 잊어버리고 가망고객에게 의식을 집중하기로 하고는 영
업활동을 계속했습니다. 그러자 자연스럽게 결과가 따라나오더군요.

계획은 제가 생각한 이상으로 잘 진행되었습니다. 그해 계약 성공률
은 300%를 거뜬히 넘어 수주액에서도 다른 동료 세일즈맨들을 크게 앞
서게 되었습니다.

그 비결은 단순했습니다. 눈앞의 계약에 얽매이기보다는 가망고객을
유지하는 데 힘을 씁니다. 즉, 정당한(구매 의사가 있는 또는 결단 직전의)
가망고객 30개 회사라고 하는 페이스를 목표지점까지 지켜냈던 것입니
다. 여하튼 그것에만 집중했습니다. 현재의 가망고객과의 접촉을 끊지
않고 새로운 가망고객을 계속해서 개척하다 보면 실적이 떨어지는 일은
없습니다. 꺾은선 그래프가 들쭉날쭉해지거나 크게 파동을 그리거나 하

지 않고 일 년 내내 안정되고 균일한 실적을 유지할 수가 있습니다. 눈앞의 한 달 성적에 얽매이는 것은 그만두기 바랍니다. 미래로 눈을 돌리고 연 단위의 긴 안목을 가져야만 합니다.

Action Plan

다음 사항을 가망고객을 유지하고 관리하는 데 힌트로 활용하세요.

- 이번 주는 어느 가망고객에게 연락을 했습니까?

  ____

- 과거고객 가운데 이번 주는 누구에게 연락을 했습니까?

  ____

- 기존고객 가운데 이번 주는 누구에게 연락을 했습니까?

  ____

- 현재 주로 사용하고 있는 고객의 '가망 정도'를 측정하는 방법을 최신화하세요.

  ____

세일즈 **최고의 시즌**

"정월이 되면 다시 연락해 주세요"라는 말은 12월이 되면 세일즈맨이 질릴 정도로 많이 듣는 말입니다. 마치 무슨 의식이나 되는 것처럼, 틀림없이 또 그 말을 들을 거라는 걸 알고 있으면서도, "이번에는 그 말을 안 들을지도 몰라"라는 기대를 합니다. 결국 똑같은 말을 듣고는 "알겠습니다. 언제 언제 전화 드리겠습니다"고 대답하는 세일즈맨이 대부분입니다.

그런데 그렇게 해서는 안 됩니다. 새해에 연락하라는 고객의 말에 굴해서는 안 됩니다. 야단맞은 강아지처럼 움츠리면서 사무실을 나가거나 전화를 끊어서도 안 됩니다. 프로 세일즈맨답게 행동해야 합니다. 당신이 하는 일이란 고객에게 도움을 주는 것입니다. 다른 세일즈맨과 똑같은 행동을 해서는 결과가 나오지 않는 법입니다.

물론 소매업을 하는 고객은 이야기가 달라집니다. 일 년 중에 가장 바쁜 시기이므로 상대방이 바라는 대로 일이 어느 정도 일단락되고 나서 다시 연락하는 것이 좋습니다. 그러나 그 이외의 대부분의 기업에는 비교적 시간적인 여유가 있는 시기에 해당합니다. 연말 2주일 동안은 특히 그렇습니다. 이때가 바로 큰 기회의 시간입니다.

다만 뻔뻔한 세일즈맨은 누구나 싫어하는 법입니다. 상식 범위 내에서 생각해서 물러날 때를 판단하고 고객을 화나게 하지 않도록 하십시오. 중요한 것은 성실하게 대하는 것입니다. 세일즈맨은 말을 많이 하지 말아야 합니다. 질문하면서 고객에 대한 정보를 얻고 요점을 전달해야 합니다. 연말에도 방법은 마찬가지입니다.

어쩌면 "정월이 되면……"이라고 말하는 고객은 단지 세일즈맨을 따돌리고 싶어서 그럴지도 모릅니다(실제로 바쁘다든지 무슨 이유로 타이밍이 좋지 않은 경우가 아닌 이상 따돌리고 싶은 것이 진심일 것입니다). 따라서 우선 진짜 상황을 파악하는 것이 중요합니다. 이를 위해서는 한두 가지 질문(제안)하면 됩니다. 다음은 그 예입니다.

• "만약 정월 전에 10분 정도 뵐 수 있다면 틀림없이 저희 회사 상품(서비스)이 마음에 드실 겁니다. 그다음에는 사정이 될 때 전화를 주시면

됩니다. 어떠십니까?”

• “만약 이 시기가 그렇게 바쁘시지 않다면 단 몇 분간만 시간을 내주실
수 없겠습니까? 저희 회사 상품(서비스) 가운데 어느 것이 가장 도움이
될지 확인하는 데 딱 좋은 타이밍인 것 같은데요.”

아주 간단한 짧은 질문을 하는 것만으로도 대화의 주도권을 잡을
수 있습니다. 물론 약속을 잡을 가능성이 있는지 어떤지도 가늠할 수
있습니다. 만약 상대방이 시간을 낼 수 없더라도 실망할 필요는 없습
니다. 전력을 다 했기 때문입니다. 이 시기의 스케줄이 서로 맞지 않았
을 뿐입니다.

연말 영업활동에 좀 더 적극 나선다면 약속 숫자가 전년보다 늘어날
지도 모릅니다. 두려워하지 말고 질문하십시오. 다만 적극적인 것과 집
요한 것은 다릅니다. ‘세일즈맨십’을 잘못 발휘하지 않도록 주의합시다.

Quiz
07-1

---

1. 개척방문영업과 Telephone Approach란?

    A. 약속 없이 전화나 방문영업을 하는 것

    B. 겨울철 추운 시기에 전화나 방문영업을 하는 것

    C. 냉대를 받는 것

    D. 감기기운이 있을 때 전화나 방문영업을 하는 것

2. 뛰어난 세일즈맨이 개척방문영업이나
Telephone Approach를 하는 건수는?

    A. 하루 1~2건

    B. 하루 3~4건

    C. 하루 10~20건

    D. 목소리가 나오지 않게 될 때까지

3. 개척방문영업이나 Telephone Approach를
할 때는?

    A. "아니요!"에 대비한다.

    B. "예!"에 대비한다.

    C. 다음에 무엇이 일어날지 모른다.

    D. 위 3가지 모두 정답

Quiz
07-2

———

4. 개척방문영업이나 Telephone Approach에서 결정
권자와 이야기할 수 있게 되면?

    A. 커피와 도넛을 들고 두 시간 정도 시간을 내달라고
한다.

    B. 3∼5분만 달라고 한다.

    C. 시간에는 얽매이지 않는다.

    D. 15∼20분을 달라고 한다.

5. 개척방문영업이나 Telephone Approach의
목적은?

    A. 계약을 하는 것

    B. 자기소개를 하는 것

    C. 약속을 잡는 것

    D. 경쟁자에 대해 험담을 하는 것

6. '스마트 영업'은?

    A. 요점만을 간결하게 정리한다.

    B. 5분 동안에 담을 수 있을 만큼 담는다.

    C. 상세하게 그리고 무거운 내용으로 한다.

    D. 감독을 고용해 단편영화를 찍듯이 한다.

Quiz
07-3

7. 스마트 영업에서 달리 주의할 점은?

    A. 즐길 수 있는 내용으로 한다.

    B. 고객이 얻는 이점에 초점을 맞춘다.

    C. 무거운 클로징을 피한다.

    D. 위 3가지 모두 정답

8. 뛰어난 세일즈맨이 영업활동을 하는 상대는?

    A. 안내직원

    B. 이야기를 들어줄 수 있는 사람이라면 누구라도

    C. 가장 말을 걸기 쉬운 사람

    D. 결정권자

9. 탑 세일즈맨은?

    A. 대리업자나 바이어에게 판매한다.

    B. Top Down 방식으로 공략한다.

    C. Bottom Up 방식으로 공략한다.

    D. 중간관리직에게 판매한다.

Quiz
07-4

---

10. 결정권자와 연락이 된 경우에는?

    A. CEO의 사촌이라고 한다.

    B. CEO의 명언을 암송한다.

    C. "CEO님!"이라고 외친다.

    D. 자기소개를 하고 비서한테 연락처를 받았다고 얘기한다.

11. 세일즈맨의 태반이 저지르는 실수는?

    A. 자기 회사 제품 가운데 하나만을 파는 것

    B. "아니요!"라는 대답을 듣지 않기 위해 상담을 쓸데없이 길게 끄는 것

    C. 월요일과 화요일만 영업활동을 하는 것

    D. 부자들만 대상으로 영업활동을 하는 것

정답 1.A 2.C 3.D 4.B 5.C 6.A 7.D 8.D 9.B 10.D 11.B

스케줄
관리의 요령

스케줄은
15분 간격으로

시간 관리는 노하우를 익히면 누구라도 잘할 수 있습니다. 저도 지금까지 적어도 여덟 가지 정도 시간 관리에 대한 강습을 받았고 그것들이 제각기 도움되고 있습니다. 그러나 다음의 간단한 방법보다 더 좋은 방법은 아마 없을 것입니다.

우선은 1주일 동안 자신이 어떻게 시간을 보낼 것인가 계획을 세워 보세요. 다음에 일정표를 준비해 두었으니 필요한 날짜만큼 복사하여 사용하세요. 일정표는 매시간이 15분 단위로 나뉘어 있습니다. 월요일부터(당신의 1주일이 시작되는 요일부터) 매일 어떻게 행동을 했는지 각 시간대 여백에 적어 넣으세요. 예를 들어, 아침 8:00에 사무실에 도착,

8:30~9:15까지 사무실에서 메일 체크…… 와 같은 식입니다. 이것을 1주일 동안 계속하고 매일의 행동을 기록합니다.

1주일이 지나면 내용을 재점검해 보세요. 아마도 의외의 발견을 하게 될 것입니다. 이것은 위임할 수 있고 이제 할 필요가 없다는 사실을 알게 되는 경우가 많을 것입니다. 예를 들어, 이동시간이 지나치게 길다는 것을 알았다면 조금이라도 줄일 수 있도록 스케줄을 다시 세우기 바랍니다. 1주일 전체로 봐서 행동을 조정하는 것도 좋을 것입니다.

이 방법은 단순하지만 매우 효과가 있습니다. 제대로 시간을 내서 솔직하게 낭비되는 시간을 재점검하세요. 스케줄이 관리됨으로써 앞으로 더욱 건설적인 하루를 보낼 수 있게 될 것입니다.

20××. 8

SUN	MON	TUE	WED	THU	FRI	SAT
				1	2	3
4	5	6	7	8	9	10
11	12	13	14	15	16	17
18	19	20	21	22	23	24
25	26	27	28	29	30	31

일별	주별
7 A.M.	**1주**
	월
	화
8 A.M.	수
	목
	금
9 A.M.	토
	일
	2주
10 A.M.	월
	화
	수
11 A.M.	목
	금
	토
12 P.M.	일
	3주
	월
1 P.M.	화
	수
	목
2 P.M.	금
	토
	일

3 P.M.	
4 P.M.	
5 P.M.	
6 P.M.	
7 P.M.	

4주	
월	
화	
수	
목	
금	
토	
일	

5주	
월	
화	
수	
목	
금	
토	
일	

과제 목록

＊구글이나 네이버 포털사이트의 캘린더 프로그램을 이용하면 스마트폰과 PC와 연동하여 효과적으로
일별, 주별, 월별의 스케줄 관리 및 고객의 기념일 관리뿐만 아니라 알람기능을 이용하여 SMS나 메일로
일정을 미리 통보받을 수도 있습니다.

아웃바운드 영업의 모델

휴일에 뉴욕을 관광할 예정이라면 버스투어를 권장합니다. 제가 좋아하는 것은 이층 버스로 시내를 도는 여행입니다. 이러한 버스 투어에서는 출발 전에 계획이 자세하게 세워져 있습니다. 두 시간 정도로 센트럴 파크와 타임스퀘어 광장을 둘러볼 때에도, 하루 걸려 여기저기 견학할 때에도 버스는 절대로 즉흥적으로 달리지 않습니다.

버스투어는 항상 가장 효율적인 코스로 이동합니다. 가능한 한 많은 관광장소를 둘러보면서 시간과 연료를 절약하고 승객의 피로도 덜 쌓이고 차도 덜 사용하도록 모두 사전에 치밀하게 계산합니다. 물론 교통상황도 고려하고 이전 승객들한테 피드백을 받아서 문제점을 검토하는 경우도 있습니다. 그 결과 만족할 만한 버스투어가 완성됩니다.

그럼 왜 영업을 다루는 책에서 버스투어 이야기를 하는 것일까요? 그것은 세일즈맨이 배워야만 할 것들이 있기 때문입니다. 한 번 투어가이드가 되었다는 생각으로 바깥쪽으로 도는 경로를 생각해 봅시다. 관광장소 대신에 지금부터 방문하는 고객과 관련된 것을 생각하세요. 세일즈맨의 대부분은 하루의 스케줄을 충분히 짜지 않고 있습니다. 약속 시각 이외나 전체적인 효율에 대해서는 그다지 고려하지 않는 것이죠.

'고객을 한 건 방문한 다음 전혀 다른 지역으로 이동해서 개척방문영업을……'의 계획은 얼핏 봐서는 열심히 일하고 있는 것 같아도 실제로는 생각한 만큼 달성할 수가 없습니다. 외근을 열심히 한다고 해서 효율 높게 행동하고 있다(시간 관리를 잘하고 있다)고는 할 수 없습니다. 이동 시간이 길면 길수록 고객을 위해 쓸 수 있는 시간은 줄어듭니다.

"예!"라는 답을 들을 기회도 그만큼 줄어드는 것이죠. 외근 영업에서 내용이 충실하고 성과가 많은 하루를 보내는 열쇠는 바로 낭비되는 시간을 최소한으로 줄이는 것입니다. 하루에 만날 수 있는 고객의 수가 늘어나면 새로운 계약의 기회도 같이 늘어납니다. 고객을 유지하기도 쉬워집니다.

예를 들어, 아침 9시에 약속이 있으면 그 뒤에는 같은 지역 내에서 다음 약속 시각(11시)까지 개척방문영업을 합니다. 근처에 기존고객이 있으면 그쪽에 얼굴을 비치는 것도 좋습니다. 사전에 확실하게 스케줄을 짜놓을 수 있다면 다음 약속도 같은 지역 안에 들어 있을 것입니다. 그 결과 영업활동을 계속해 나가는 데 시간을 절약할 수 있게 됩니다.

세일즈맨의
이상적인 하루란?

뛰어난 세일즈맨은 하루를 보내는 방식이 다릅니다. 진정한 프로는 모두가 그렇습니다만 성공을 향해 제대로 목적의식이 있으며 행동에 낭비요소가 없습니다. 그래서 더욱더 항상 선두를 유지할 수 있지요. 물론 때에 따라 행동이 일정하지 않은 경우도 없고 **경력 기간 내내 효율적으로 활동하고 있습니다.**

그러한 그들에게는 갖고 태어난 자질이 있다고 합니다. 그런데 실제로는 누구에게라도 배워서 실천할 만한 점이 많이 있습니다. 중요한 것은 배운 것을 '습관'으로 만들어 날마다 계속하는 것입니다.

그럼 탑 세일즈맨의 하루를 참고하면서 중요한 포인트를 구체적으로 들어보겠습니다. 기업방문을 주로 하는 세일즈맨을 예로 들겠습니다.

- **아침 일상**: 하루를 시작하는 시점에 기분을 산뜻하게 하기 위해 운동을 하거나 맛있는 커피를 마십니다. 이것이 앞으로의 8~10시간의 분위기를 결정짓습니다. 사무실로 향하는 동안은 오늘 하루에 무엇을 달성할 것인가 머릿속으로 정리해 둡니다.

- **사무실에서의 시간**: 직장에 도착해 동료들과 잡담할 때 성실하게 대하는 것을 잊지 마세요. 세일즈맨 가운데는 "부탁이 좀 있는데…"라고 할 때 이외에는 동료와 얘기를 나누지 않는 사람이 많이 있습니다. '동료'와 하나가 되어 목표를 향하지 않으면 팀워크는 발휘될 수 없습니다. 오늘 하루의 생산성을 높이고 싶다면 이 시간대에 그날 필요한 정보를 체크하세요. 지금부터 방문에 필요한 데이터는 모두 준비되어 있습니까? 고객별 영업보고서는 최신판을 참고하고 있습니까? 만약 그렇지 않다면 정확하게 상황을 파악할 수가 없습니다. 반드시 지참하세요. 스마트기기에 보관하고 있는 경우에도 최신 데이터로 갱신해 두길 바랍니다.

- **방문 전 체크**: 상대방 사무실에 들어가기 전에 준비에 누락 사항은 없는지 체크하세요. 오늘의 목표는 무엇인가? 질문은 제대로 기록해 두었는가? 다시 한 번 강조하지만 질문을 준비하는 것은 대단히 중요합니다. 2~3분 정도 시간만 있다면 이동 중에도 가능할 일인데 하려고도 하지 않는 세일즈맨이 너무나 많습니다. 묻고 싶은 것, 명확히 해 두고 싶은 것을 모두 메모하고 그 방문 목표에 전념하십시오.

- **방문 중**: 실천할 시간입니다. 매일 계속되는 이 시간이 큰 차이를 가져옵니다. 뛰어난 세일즈맨은 곧바로 본론으로 들어갑니다. 날씨나 스포츠 이야기는 필요 없습니다(이미 알고 있는 사이거나 상대방이 그 이야기를 하고 싶어할 경우에는 사정이 다릅니다). 질문 리스트를 꺼내놓고 곧장 상담으로 들어가십시오. 그것을 하려고 방문한 것입니다. 잡담하려거든 중요한 이야기가 다 끝나고 나서 하십시오. 그때까지는 본론에서 벗어나지 않고 자기만 이야기하는 것을 피하면서 고객의 니즈를 파악하는 데 집중하세요.

- **방문 후 정리**: 영업보고서 작성은 다 끝냈습니까? 제대로 해 두면 다시 방문할 때 유효함을 느낄 수 있습니다. 영업의 프로는 매일의 방문을 상세하게 기록하고 자기만이 아니라 달리 필요로 하는 사람들을 위해서라도 언제나 금방 참조할 수 있는 상태로 정리해 둡니다. 아무리 사소한 사항이라도 고객에게 무엇을 약속했다면 뛰어난 세일즈맨들은 반드시 그 약속을 지킵니다.

- **남은 일정에 대비한다**: 1건의 방문은 제대로 이루어졌다고 합시다. 그럼 그다음도 마찬가지로 일정이 잡혀 있습니까? 약속은 적어도 매일 두세 건 있습니까? 밤에 귀가했을 때 "오늘은 건설적인 하루였다"고 실감할 수 있을 거로 생각하십니까? 흉내만 내는 형식적인 행동으로 시간을 낭비하고 있지는 않습니까? 뛰어난 세일즈맨은 다음 약속까지의 여유시간에 Telephone Approach나 (가능하다면) 개척방문영업을

하고 있습니다.

이상으로 뛰어난 세일즈맨의 극히 평균적인 하루였습니다. 이런 나날이 반복됨으로써 경력이 쌓입니다. 매일 '해야만 하는 일'에 시간을 할애하세요. 고객과 동료가 당신을 보는 눈도 그것 때문에 결정됩니다. 부여된 영업목표를 달성한 것만으로 만족하는 것은 평범한 세일즈맨입니다. 영업의 프로가 되고 싶다면 프로답게 행동하세요. 뛰어난 세일즈맨을 보고 배워서 매일같이 실행하는 것 외에는 답이 없습니다.

Action Plan

다음 사항에 당신의 대답을 기입하고 시간 활용을 재검토하는 데 힌트로 사용하세요.

1. 1주일 동안의 약속 건수 :

____

2. 1주일 동안의 고객방문 건수 :

____

3. 1주일 동안의 가망고객 방문 건수 :

____

4. 1주일 동안의 클로징 예정인 약속 건수 :

____

Quiz
08-1

—

1. 세일즈맨에게 시간 관리 스킬이 필수적인 이유는?

A. 결정권자를 만날 수 있는 기회가 늘어나기 때문이다.

B. 노동시간을 단축할 수 있기 때문이다.

C. 장시간 일을 해서 상사 마음에 들고 싶기 때문이다.

D. 고객 숫자가 충분하다면 그런 스킬은 필요 없다.

2. 하루의 시간 활용을 재검토할 때는?

A. 1시간 단위로 생각한다.

B. 30분 단위로 생각한다.

C. 오전과 오후로 나눈다.

D. 15분 단위로 생각한다.

Quiz
08-2

---

3. 시간을 관리하는 목적은?

   A. 불필요한 시간을 없애는 것

   B. 결정권자를 만나는 시간을 늘리는 것

   C. 이동시간을 절약하는 것

   D. 위의 3가지 모두 정답

4. 하루의 약속과 개척방문영업을 효율적으로 하기 위해서는?

   A. 같은 업종만을 정리한다.

   B. 같은 지역 내에서 스케줄을 잡는다.

   C. 같은 자원봉사 활동을 하고 있는 단체에 초점을 맞춘다.

   D. 전화번호부의 같은 페이지에서 고른다.

정답 1.A 2.D 3.D 4.B

PART 09

거절 처리에 기회가 있다

Hal Becker's Ultimate Sales Book

거절은 곧 요청

장애물 경주에서 완주하기 위해서는 모든 장애물을 완전하게 뛰어넘어야 합니다. 상담할 때도 마찬가지입니다. 눈앞의 장애물을 깨끗이 치우고 마지막까지 도달한 세일즈맨은 승리자입니다.

고객의 거절(장애물)을 제대로 처리할 수만 있다면 약속은 아주 가까이에 있습니다. 만약 고객이 여러분의 거절처리에 만족하게 된다면 세일즈맨이 그다지 필사적으로 하지 않더라도 계약은 성립됩니다. 클로징도 필요 없을 수 있습니다. 고객이 알아서 대답해 줄 것이기 때문입니다.

동의하기 어렵겠지만 어떠한 상담이라도 거절은 계약 성립으로 연결되는 중요한 요인 가운데 하나입니다. 설령 좋은 결과가 나오지 않더라도 최소한 그 이유는 알 수 있습니다. 고객의 망설임과 저항이 거절의 형태로 나타납니다. 따라서 그것에 입각해서 대처해야만 합니다. 여기서 중요한 것은 영업활동의 기본으로 되돌아가는 것입니다. 즉, 질문이 전부입니다. 판매하고 싶다고 해서 일방적으로 이야기를 하는 것은 절대금물입니다. 그럼 구체적인 대응책으로 들어가기 전에 여기서 잠깐 거절이라는 것에 대해 생각해 보도록 하겠습니다.

상품이나 서비스에 관한 고객의 반응이 좋지 않으면 대개는 구체적인 거절을 합니다. 이 거절에는 대처하기 쉬운 것도 있지만 어려운 것도 있기 마련입니다. 어느 쪽이든 거절이 나오는 것은 당연한 것으로 그것에 잘 대응할 수 있어야 비로소 계약의 가능성이 보이기 시작합니다. 거절은 그 본질만 알고 있으면 아주 좋은 영업 툴이 될 수 있습니다. 그럼 그 본질이란 과연 무엇일까요? 답은 바로 세일즈맨에 대한 암호화된 '요청'입니다. 무릇 거절은 크게 나눠서 다음과 같은 의도를 담고 있습니다.

• 구매하지 않는 이유를 성실하게 말하고 있다.
• 구매하고 싶지 않은 진짜 이유를 숨기고 있다.
• 생각할 시간을 벌기 위해 핑계를 대고 있다.
• 상품이나 서비스의 이점을 알 수 없어서 순수하게 좀 더 정보를 필요로 하고 있다.

어느 쪽이든 속을 들여다 보면 혹은 그냥 그대로 세일즈맨에 대한 요청이라고 보면 됩니다. 즉, 고객은 '구매해야만 하는 이유'를 원하고 있는 것입니다. 당신이 다음에 무엇을 말해야 좋을지, 구매의욕을 끌어낼 결정적인 요인은 무엇인지, 거절이 모든 것을 알려주고 있는 것입니다.

거절에 대처할 때의 주의사항

거절을 즐기세요. 거절이 전혀 나오지 않는다면 계약의 전망은 없으나 마찬가지입니다. 눈앞의 고객에게서 어떠한 의견도 나오지 않는다면 그냥 포기하고 돌아가십시오. 그러나 적어도 거절이 나온다면 상품이나 서비스에 관한 관심이 첫 번째 단계로 진입했다는 증거입니다. 세일즈맨을 앞에 두면 사람들은 사야 할 이유보다는 사지 않을 이유를 먼저 생각합니다. 절대로 "당신이 말하는 것은 뭐든지 살 거야!" 하지는 않습니다. 만약 그렇게 된다면 받은 어음을 잘 확인해 보는 게 좋을 것입니다.

거절이 나온다면 질문으로 대응하십시오. 예를 들어, "너무 비싸다"고 한다면 "어느 정도 가격을 희망하십니까?"라고 굴으십시오.

어쩌면 상사나 영업컨설턴트로부터 이렇게 말하라고 배운 사람이 있을지도 모르겠습니다. "마음은 잘 알겠습니다. 똑같이 말씀하시는 분들도 많이 계셔서……" 그런데 만약 상대방이 친한 친구라면 이렇게 대답하고 말 건가요? 저라면 그렇게 말하지 않을 것입니다. 입에 발린 말로 맞장구를 치는 것을 그만두십시오. "이런 **사람한테 사고 싶다**"고 **스스로 생각할 수 있는 세일즈맨이 되어야만** 합니다. 상대방과 공감하는 것은 중요하지만 상대방의 의견이나 거절에 곧바로 답을 내놓는 편이 고객의 마음에 닿기 쉬운 법입니다.

거절에 대처할 때에는 다음의 포인트에 주의하기 바랍니다.

- 기습에 당황하지 않도록 거절을 예측해 둔다.
- 절대로 무시하지 않는다.
- 침착하게 대응한다.
- 잘 듣고 진의를 파악한다.
- 오해를 피한다. 거절을 자신의 말로 바꿔 말함으로써 당신이 제대로 이해하고 있는지를 확인한다.
- 질문해서 문제점을 더욱 깊게 파악한다.
- 거절을 가로막지 않는다. 고객 스스로 이야기하는 동안에 이해하는 경우가 종종 있습니다.
- 거절의 내용이 모호한 경우에는 단어를 음미하면서 문제점을 파악

한다.

- 상대방의 마음을 이해하고 있다는 사실을 전달한다.

- 거절에 동의할 필요는 없다. 다만 의논으로 발전되지 않도록 주의한다.

- 인정할 것은 인정하고, 말할 것은 말할 줄 아는 용기를 가진다.

- 거절에 대해 겁쟁이가 되거나 기분 나빠하거나 하지 않고 건설적인 태도로 대한다.

- 정중하게 듣고 배려하는 마음을 잊지 않는다.

- 가만히 귀를 기울이고 핑계를 대지 않는다.

거절의 '7가지 형태'

거절은 7가지 형태로 나눌 수 있습니다.

1. 거절: 가격이 맞지 않는다.

   대응: 예산은 어느 정도로 예상하고 계십니까?

2. 거절: 생각할 시간이 필요하다.

   대응: 어떤 점을 생각하고 싶으십니까?

3. 거절: 이전의 대응에 불만이 있다.

   대응: 어떤 점에 문제가 있던가요?

4. 거절: 상사에게 상담해야 한다. 나는 결정권이 없다.

  대응: 직접 그분에게 이야기할 수 있겠습니까?

5. 거절: 현재 거래처에 만족하고 있다.

  대응: 어떤 점에서 만족하고 계십니까?

6. 거절: 납기가 너무 늦다.

  대응: 언제가 좋으시겠습니까? 서두르시는 이유를 물어봐도 되겠습니까?

7. 거절: 필요한 것이 리스트에 들어 있지 않다.

  대응: 그것과 비슷한 상품을 한 번 보시겠습니까?

이상은 예시에 지나지 않습니다. 당신의 개성과 영업스타일에 맞춰 적절한 질문을 생각해 보세요. 창의력을 발휘하여 참신한 대응책이 떠오른다면 간단하게 실험해 보고 반응을 살펴보세요. 만나는 사람 모두에게 판매할 수는 없으며, 모든 거절을 더더욱 처리할 수는 없습니다. 다만 최선을 다하는 것이 중요합니다. 고객이 가능한 만족하도록 해 주는 것이 당신의 목표입니다.

팀 단위로
아이디어를 모으자

게임을 하는 느낌으로 즐기면서 효과적으로 거절에 대처하는 법을 배울 수 있는 연습을 소개하겠습니다. 우선 팀멤버(영업팀, 관리직, 지원팀, 기술 스텝 등)를 모아주세요. 누군가가 하나의 거절을 얘기하면 게임이 시작됩니다. "가격이 너무 비쌉니다"와 같이 항상 있는 거절도 상관없습니다. 이 거절을 듣고 각자가 어떻게 대응할 것인가(어떻게 질문할 것인가)를 생각하고 두세 줄 정도로 간단하게 종이에 적습니다. 다 적었으면 그 종이를 옆 사람에게 전달합니다. 종이를 받아든 사람은 순서대로 읽어갑니다.

"역시 이 질문법이 좋은데!"라는 아이디어가 반드시 나올 것입니다. 질문 내용은 같더라도 접근하는 방식이 다르다면 상대방이 받아들이는 것도 달라집니다. 이 연습에서는 오히려 신인이 참신한 아이디어를 내놓는 경우가 자주 있습니다.

혼자서 할 수 있는 연습도 소개하겠습니다. 평소 자주 부딪히는 거절과 그것에 대한 대응책을 다시 확인하는 기회로 활용하세요.

Action Plan

당신이 자주 직면하는 거절과 그 대응을 목록으로 작성하기 바랍니다.

거절 1:
대응:

거절 2:
대응:

거절 3:
대응:

거절 4:
대응:

거절 5:
대응:

거절 6:
대응:

Quiz 09-1

—

1. 거절이란?

    A. 악몽

    B. 계약을 위해 필요한 것

    C. 계약을 위해 불필요한 것

    D. 가능하면 피하는 것이 좋은 것

2. 거절이 나오면?

    A. 전속력으로 도망간다.

    B. 특징과 이점을 설명한다.

    C. 질문으로 대응한다.

    D. 무시하고 클로징으로 들어간다.

3. 거절의 형태는?

    A. 무한정 있다.

    B. 7가지밖에 없다.

    C. 100가지 이상 있다.

    D. 8321가지 있다.

Quiz
09-2

---

4. 거절에 대응할 때에는?

    A. 포커페이스를 유지한다.

    B. 입에 발린 말로 대충 끝낸다.

    C. 평소 영업스타일에 맞춰 자기답게 한다.

    D. 공격적으로 대응한다.

5. 팀 단위로 거절 대응책을 생각하면?

    A. 아무도 의견을 제시하지 않는다.

    B. 자기 회사의 평판이 나쁜 사실을 알게 된다.

    C. 자기 이외에는 아무도 도움이 되지 않는다는
　　　것을 인식하게 된다.

    D. 효과적이고 재디있는 아이디어가 나온다.

정답 1.B 2.C 3.B 4.C 5.D

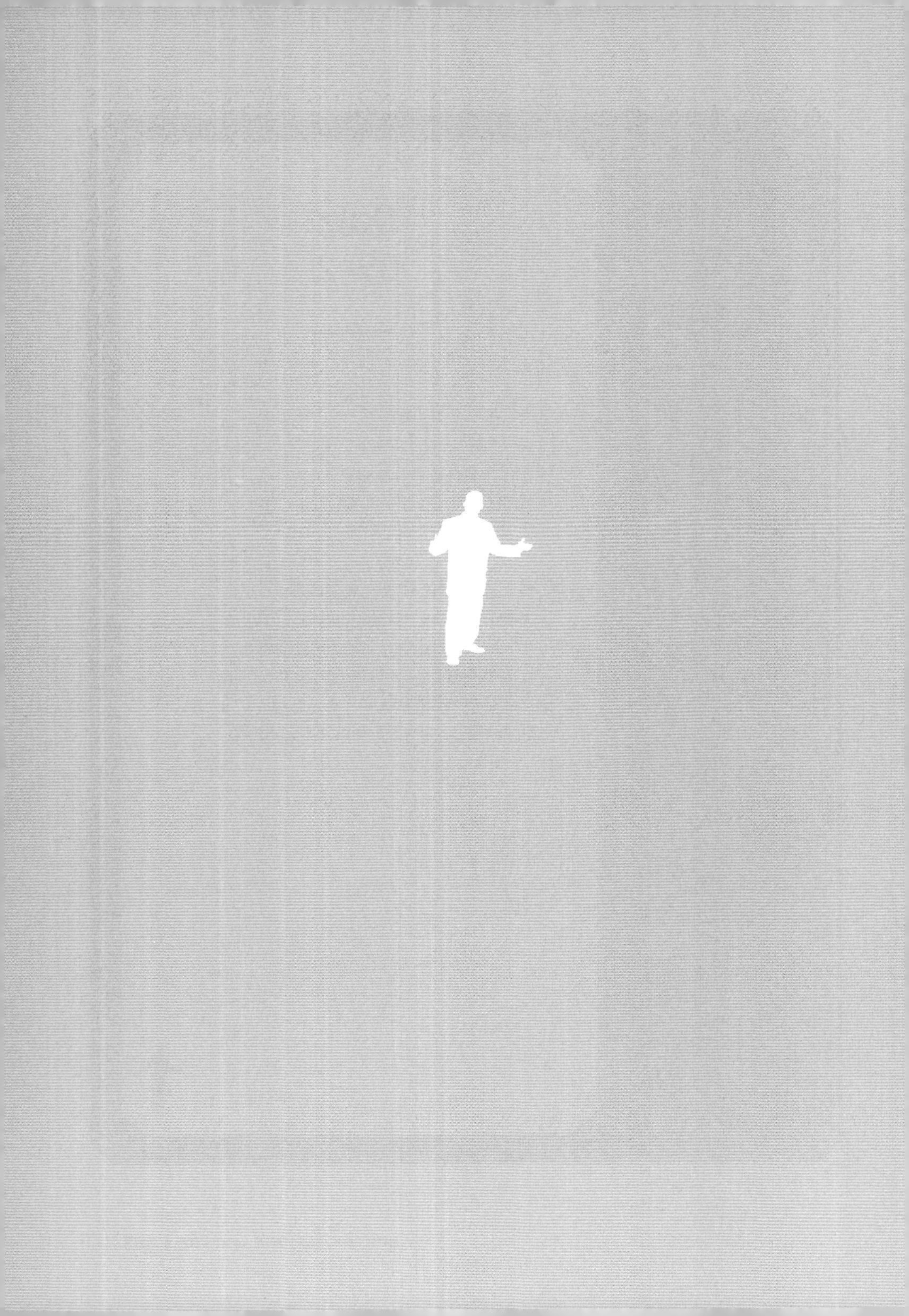

PART 10

목표를
설정하면 얻는
이점

Hal Becker's Ultimate Sales Book

계획적으로 행동하는
최상의 방법

"계획이 없는 목표는 단순한 희망 사항에 지나지 않는다." 이 말 여러분도 들은 적이 있나요? 무어라 부정할 수 없는 말입니다. 실현하고자 하는 목표가 있더라도 대부분의 사람들은 단지 그렇게 되고 싶다고 바라기만 할 뿐입니다. 목표를 달성하고자 한다면 반드시 목표까지의 계획을 세워야만 합니다. 집을 살 때도, 직장을 찾을 때도, 매상을 20% 신장하고 싶을 때도 마찬가지입니다. 다만 계획을 세우는 방법은 사람마다 다릅니다. 목표는 같더라도 자신만의 독특한 플랜이 있습니다.

세일즈맨이라면 우선 자기 자신의 목표를 설정하십시오. 즉, 조직이 결정한 영업목표가 아니라 개인의 목표를 설정합니다. 그것을 달성하면 개인적 니즈가 충족됩니다. 하기 싫은 일을 하는 사람은 눈에 띄지 않던가요? 마땅히 갈 곳도 없고 해서 월급이나 받을 요량으로 직장에 나오고 있는 것 같은 사람 말입니다. 그런 사람이 세일즈맨이라면 고객을 만난 순간 의욕이 없음이 들키고 맙니다. 개인적 니즈 다음은 조직의 니즈입니다. 회사에 중요한 목표를 확인하고 달성하기 위해 노력해야 합니다.

Telephone Approach나 개척방문영업의 목표는 확실히 세워두었습니까? 하루 10건을 달성했습니까? 만약 그렇지 못했다면 바빠서 시간이 부족하십니까? 혹은 아주 잘 진행되고 있습니까? 매출에 만족하고 계십니까? 만약 좀 더 실적을 올리고 싶다면 더 많이 계약하는 것이 유일한 방법입니다. 이를 위해서는 가망고객을 늘리는 것이 최선입니다. 이 것을 목표로 설정하고 계획을 세우기 바랍니다.

탑 세일즈맨은 예외 없이 목표지향적입니다. 확실하게 목표를 설정하고 계획적으로 행동하면 하루에 이룰 수 있는 일의 양이 현저히 늘어납니다. 이 점을 개선하고 싶다면 이미 나와 있는 책들을 참조하세요. 세미나나 인터넷 정보도 도움이 될 것입니다.

시간 관리에 대해서는 Lesson 33~35에서 이미 알아보았습니다. 여기서는 계획을 세울 때 중요한 포인트를 알아보겠습니다. 목표지점까지의 여정을 단축하는 방법은 얼마든지 있습니다. 우선은 시간 낭비하는 일이 없도록 Telephone Approach나 개척방문영업을 제대로 스케줄링합니다. 하루의 성과를 더 많이 얻고 싶다면 오전 7시부터 시작해서 오후 6시에 끝내는 것도 하나의 방법입니다. 일하는 시간이 길어졌으니까요. 세일즈맨으로서 성공하고 싶다면 목표달성을 위해 충분한 시간과 노력을 투자해야만 합니다.

사무실에 있지 않더라도 가능한 일들이 있습니다. 가령, 저는 낮 동안에는 제안서를 작성하지 않습니다. 밤에 TV를 보면서 정리합니다. 여러분은 평소에 페이퍼워크에 어느 정도 시간을 투자하고 있습니까? 하루의 일을 재검토해 보기 바랍니다. 반드시 필요한 페이퍼워크입니까? 일과를 외부 영업활동 50%, 회사 내 페이퍼워크 50%의 비중으로 일하는 세일즈맨도 있습니다. 그다지 생산적이라고는 할 수 없습니다. 무엇을 언제, 어디에서 할 것인가 계획을 세우고 나서 시작하기 바랍니다.

결정권자를 만나는 시간이 20% 이상 늘어나면 당신의 수입도 회사의 수익도 증가할 가능성이 높아집니다. 만약 하루에 15분만이라도 늘릴 수 있다면 1주일에 1시간 이상이 됩니다. 이것도 훌륭한 목표가 됩니다. 더구나 누구라도 설정할 수가 있습니다.

어떤 세일즈맨이라도 자기 나름대로 습관이 있습니다. 그것이 생산적인지 어떤지, 목표달성을 위해 도움이 되는지 아닌지 확실하게 재점검하기 바랍니다. 아침형 인간과 저녁형 인간은 서로 지향하는 방법도 다릅니다. 지금 잘하고 있는 방법까지 굳이 바꿀 필요는 없습니다. 공과 사의 균형을 잡아가면서 가능한 생산적으로 활동할 궁리를 해 보세요.

목표설정에 있어서의
'4가지 포인트'

영업활동에서는 목표설정을 빼놓을 수 없습니다. 그 이유를 포함해 이 Lesson에서는 구체적인 목표설정에 도움이 되는 힌트를 소개하고자 합니다.

우선 어떤 목표라도 다음 4가지 포인트를 지켜주면 됩니다. 이것은 업무에도 개인적인 일에도 중요한 사항입니다.

1. 기한 설정: 목표를 O일 후, O주일 후, O개월 후와 같이 정해 둔다.
2. 측정 가능: 수치 등의 기준이 있어야 달성했는지 알기 쉽다.
3. 달성 가능: 현실적인 목표라면 스트레스가 쌓이기 힘들고 좌절하지 않는다.

4. 달성한 보람이 있어야 한다: 지나치게 쉽지 않아야 하는 것도 중요하다. 성취감을 맛볼 수가 있다.

예를 들어, 제가 취급하는 상품의 가격이 1,000달러인데 올해는 전년보다 1만 달러 이상 매출을 늘리고 싶습니다. 회사가 결정한 영업목표가 아니라 개인적인 목표 말입니다. 이 '1만 달러 신장'을 달성하기 위해서는 계산상 10건의 신규고객이 필요합니다. 전제로서 Telephone Approach나 개척방문영업에서 500건 시행하면 25건의 가망고객이 관심을 둔다는 것과 또 그 가운데 10건은 계약을 이뤄낼 수 있다는 것을 경험상 알고 있다고 가정하겠습니다.

그러면 목표를 달성하기 위해서는 우선 500건의 영업활동을 해야만 합니다. 큰 수치이지만 1년에 250일 일한다고 한다면 하루에 2.5건을 달성해야 합니다. 첫날은 2건, 다음 날은 3건 이런 식으로 하면 나쁘지 않습니다. 이렇게 계산하면서 목표까지 무엇을 어떻게 해야 할 것인가를 생각해 갑니다. 마치 다이어트를 위해 운동계획을 세우는 것과 같습니다. 무언가를 달성하고 싶다면 우선 목표를 설정하고 계획을 세워서 실행해야 합니다. 그러나 주 3~4일의 운동을 살이 빠질 때까지 포기하지 않고 할 수 있는 사람이 실제로 얼마나 있을까요? 대부분 어렵습니다.

인정하고 싶지 않지만 의지의 힘은 약합니다. 따라서 **목표에 도달하기**

위해서는 그 목표를 세분화하는 것 외에 달리 방법이 없습니다. 손을 대기 쉬운 작은 과업으로 나눠서 매일 꾸준히 실행하세요. '밥에게 무슨 일이 생겼나' (What about Bob, 1991)[5]라는 영화에는 'Baby Walk'라는 표현이 나옵니다. 이것은 아이와 같은 '작은 한 걸음 한 걸음'을 쌓아가 착실하게 목표를 달성해 가는 테크닉을 말합니다. 작은 한 걸음이라면 매일의 일상에 부담이 가지 않을 것입니다. 'Baby Walk'는 세일즈맨에게 빼놓을 수 없는 사고방식입니다. 한 달의 영업목표를 매일의 작은 과업으로 나누지 않고 있다가 월말이 가까워져 오면 당황해서 여기저기 마구 전화를 걸어대는 신세가 됩니다. 그런 세일즈맨은 실제로 많습니다. 한편 탑 세일즈맨은 항상 부여된 영업목표 이상의 실적을 올리고 있습니다. 왜 그럴까요? 그 이유는 다음 두 가지 때문입니다.

1) 다른 누구보다도 열심히 일하고 있다.
2) 목표를 달성하기 위해 날마다 꾸준히 일을 소화해내고 있다.

어떠한 목표라도 현실적으로 설정해서 달성하기 쉬운 작은 과업으로 나누기 바랍니다. 날마다 계속해 나가기 쉽다면 자연스럽게 습관이 될 것입니다.

* * * **5) 밥에게 무슨 일이 생겼나?**_ 영화 〈밥에게 무슨 일이 생겼나?〉는 프랭크 오즈감독의 1991년 개봉한 미국의 코미디 영화로 정신과 의사와 골치 아픈 환자의 에피소드를 그려내었다. 빌 머레이, 리처드 드레이퍼스가 출연하였다.

그러는 동안에 이전보다 착실하게 그 수를 늘려가고 있는 자신을 발견하게 될 것입니다. 생각났을 때만 열심히 해서는 목표를 달성할 수가 없습니다. 새로운 가망고객을 찾는 것만이 아니라 과거에 거래가 있었던 고객에게도 영업활동을 해 보기 바랍니다.

당신은 오늘, 이번 달 부여된 영업목표의 몇 퍼센트까지 달성하고 있습니까? 올해의 영업목표와 비교하면 어떻습니까? 이 두 가지 질문에 아무것도 보지 않고 대답할 수 있다면 당신은 틀림없이 목표지향적인 세일즈맨입니다!

Action Plan

올해 목표를 세웠나요? 세웠다면 한눈에 보기 쉽도록 분기별로 정리해 보세요.

	목표
올해	
1/4분기	
2/4분기	
3/4분기	
4/4분기	

Quiz
10

___

1. 계획이 없는 목표는?

    A. 달성하기 쉽다.

    B. 단지 희망사항일 뿐이다.

    C. 생산적이다.

    D. 가치가 있다.

2. 일과 관련된 과업은?

    A. 사무실 밖에서도 할 수 있다.

    B. 사무실에서만 할 수 있다.

    C. 하루에 1시간만이라면 할 수 있다.

    D. 자고 있는 동안에도 할 수 있다.

3. 목표설정의 포인트는 다음의 4가지:
기한 설정, 측정 가능, 실현 가능, 그리고?

    A. 달성한 보람이 있어야 한다.

    B. 쉬워야 한다.

    C. 불가능해야 한다.

    D. 이점이 없다.

4. 목표를 달성하기 위한 최선의 방법은?

    A. 다른 사람에게 시킨다.

    B. 작은 과업으로 나눈다.

    C. 종이에 써놓고 잊어버린다.

    D. 친구에게 상담한다.

정답 1. B 2. A 3. A 4. B

PART 11

클로징
방법

클로징은
두렵지 않다

클로징에 대해 생각할 때면 당신은 어떻게 되십니까?

A. 손바닥에 땀이 흥건해진다.

B. 쇠사슬에 묶인 듯이 움직일 수가 없다.

C. 무릎이 떨려온다.

D. 위 3가지 모두 해당

　저의 세미나에 참가하는 세일즈맨들에게 언제나 다음과 같이 질문합니다. "Telephone Approach에서 다음 약속을 잡을 때의 클로징과 상담에서 계약을 성사시킬 때의 클로징 가운데 어느 쪽이 어렵습니까?" Telephone Approach의 경우 당연히 우선 전화를 걸고 자기소개를 합니다. 그리고 질문해도 괜찮은지 어떤지 묻고 나서는 마지막으로 약속을 잡기 위한 클로징에 들어갑니다. 상담의 경우에는 고객을 정면으로 마주하고 앉아서 질문하고 마지막으로 계약하기 위한 클로징을 합니다. 제가 물어본 세일즈맨의 40~60%는 상담의 클로징이 더 어렵다고 대답합니다. 하지만 저는 그들이 계약을 위한 클로징을 실제보다 지나치게 어렵게 여기고 있다고 느껴집니다. 그 이유는 다음과 같습니다.

상담의 경우 고객은 이미 당신의 목적을 충분히 알고 있습니다. 즉, 상담의 어느 부분에서 계약을 요구할 거라는 사실을 미리 각오하고 있는 것입니다. 따라서 Telephone Approach나 개척방문영업에서 약속을 잡는 일이 더 어렵다고 봅니다. 여하튼 시간을 할애하게 하는 일부터 시작해야만 합니다. 그런데 이미 상담에 들어가 있는 상태라면 언젠가 세일즈맨이 주문을 하도록 말을 해 올 거라는 사실은 눈에 보입니다. 제안서가 책상에 나오게 되면 "자, 어떻습니까?"라는 말이 나올 것을 알고 있습니다.

그렇다면 부드럽게 상대방의 기대에 부응해 주는 것이 친절하다고는 생각하지 않으십니까? 여러분이 쇼핑할 때를 한 번 생각해 보기 바랍니다. 청바지를 사려고만 해도 결정해야 하는 것들이 아주 많습니다. 일자바지로 할 것인지 나팔바지로 할 것인지, 바지 앞부분을 단추 달린 걸로 할 것인지 지퍼 달린 걸로 할 것인지, 청바지의 염색 및 탈색 방법은 스톤워시진[6]으로 할 것인지 케미컬워시진[7]으로 할 것인지 아니면 다른 걸로 할 것인지. 귀찮은 것들을 다 결정하고 나면 이번에는 사이즈를 맞춰서 가까스로 계산대로 가져갑니다. 그런데 거기서도 선택이 기다리고 있습니다. 카드로 살 것인지 현금으로 살 것인지 결정해야 합니다. 당신의 상담 상대방도 이것과 거의 비슷한 과정에 직면해 있는 것입니다. 따라서 고객 앞에 앉으면 우선 이 과정 자체를 최대한 즐길 수 있도록 해주는 것이 당신의 일입니다. 질문의 형태로 선택지를 제시하고 스트레스를 느끼지 않고 대답할 수 있도록 배려해 줘야 합니다. 선택이 다 끝나고 나면 고객은 "어떠십니까?"라고 물어주기를 기다리고 있습니다. 상담 클로징은 당신이 생각하는 만큼 어려운 것은 아닙니다. 대부분은 고객들도 겨우 끝나서 안도하는 순간입니다.

*** 6) Stone wash jeans: 탈색하여 인공적으로 중고로 만든 청바지. 탈색된 모양이 눈송이 또는 대리석 느낌이다.
7) Chemical wash jeans: 염소계 세제액 등의 화학제품으로 얼룩이 생기도록 탈색한 청바지.

고객 속마음 읽기

클로징은 지나치게 어렵게 생각하지 말고 체스 게임을 한다는 기분으로 무겁지 않게 임하기 바랍니다. 전략은 가망고객의 숫자에만 두면 됩니다. 다만 클로징 테크닉을 연마하기 위해 중요한 것은 단지 하나 상대를 관찰하는 것입니다.

고객의 모습을 가능한 한 자세히 관찰합니다. 흥미 있어 하나요? 아니면 지루해 하나요? 보디랭귀지에도 신경을 쓰세요. 당신이 질문한 것에 어떤 식으로 대답하고 있습니까? 웃는 얼굴을 하고 있나요? 특히 눈과 표정에 주목하세요. 사람은 눈과 표정으로 감정을 드러냅니다.

단, 고객이 당신의 이야기에 동의하더라도 속마음은 그렇게 빨리 나오지 않을 가능성이 클 수 있을지도 모릅니다. 장단을 맞춰주는 쪽이 빨리 끝나기 때문이지요. 이와 같은 상황은 경험을 쌓다 보면 간파할 수 있습니다. 당장 당신이 말하는 것에 무엇이든 이해가 가는듯한 대답이 돌아오면 의심해 보는 것이 좋을 것입니다. 정말로 흥미가 있다면 반드시 질문이 나오게 되어 있습니다. '대화'가 되는 것이지요.

또한 **상담할 때 건방진 태도는 절대 금물**입니다. 영업의 프로라는 자각을 잊지 마세요. 인상이 찌푸려질 정도로 좋지 않은 태도를 상대방이 취하더라도 똑같은 태도로 응수해서는 안 됩니다. 프로는 프로다워야 합니다. 이것은 비단 세일즈맨만이 아니라 어떠한 직업이라 하더라도 마찬가지입니다. 예를 들어, 이가 아파서 "야, 이 OO 자식아!"라고 소리치는 환자가 있더라도 결코 똑같이 소리를 지르는 치과의사는 없습니다.

클로징의
테크닉을 알자

저의 처녀작인 〈Can I Have 5 Minutes of Your Time〉(2008) 에서는 클로징의 아버지라고 불리는 J. 더글라스 에드워즈의 테크닉을 소개해 두었습니다. 50년이 훨씬 넘는 과거에 매우 효과가 좋았던 방법이지만 오늘날에도 충분히 통용되고 있습니다. 물론 시대가 변해 다소 낡게 느껴지는 부분이 있기도 하겠지만 실제로 지금도 세일즈맨들이 매일같이 사용하고 있는 테크닉입니다.

'선택식 클로징'은 그 일례입니다. 예를 들어, 맥도날드에서 "프라이드 포테이토 M 사이즈는 어떻습니까? 아니면 L 사이즈로 하시겠습니까?"라고 상대방이 묻는다면 "아니요!"라고 대답하기보다는 선택지의 어느 하나를 선택하지 않으면 안 될 것 같은 기분이 들게 됩니다. 또 하나의 예는 '강아지식 클로징'입니다. 상품이나 서비스를 실제로 2~3일간 써보도록 하는 방법입니다. 강아지를 며칠 동안 돌보고 있다 보면 정이 들어 떨어지기가 어렵게 되는 것과 같은 효과를 노린 것입니다.

제가 그런 테크닉을 알았을 때에는 그 가치를 알아차리지 못한 채 내버려두고 있었습니다. 직접 사용해 볼 수 있을 것 같다고 생각하기 시작한 것은 몇 년 지나고 나서의 일입니다. 그때 저는 클로징에 대한 생각을 바꾸고자 했습니다. 마치 체스 게임처럼 생각한 것입니다. 상담의 주도권을 항상 쥐고 있으면 즐거울 거라 생각되지 않습니까? 대화를 한발 앞서 가는 것은 언제나 자기 자신이고, 상담 상대방이 바뀔 때마다 새로운 로직을 테스트해 보면 어떨까요?

그래서 저는 다양한 테크닉을 암기해서 상황별로 구분하면서 사용해 보기로 했습니다. "어느 클로징을 누구한테 사용할까?" 하고 매번 생각하는 겁니다. 그리고 어느 날 실행에 옮겼습니다. 로비에서 결정권자를 상담하기 위해 기다리는 동안 수첩을 꺼내 그날 실험해 보고 싶은 클로징을 메모하기 시작했습니다. 그러자 그때부터 상담이 즐거워지기 시작했습니다. 이 사실에 저도 놀랐습니다. 게임하는 기분으로 클로징을 하게 된 덕분입니다.

여러분도 잘 아시는 것처럼 같은 일만 계속 반복하다 보면 질리게 됩니다. 색다른 것을 조금 도입하면 매일의 일상이 좀 더 즐거워집니다. 클로징도 마찬가지입니다. 때로는 Approach를 바꿔서 게임처럼 즐겨보십시오.

저는 '테스트 클로징'의 열렬한 팬입니다. 이것은 최종적인 클로징에 들어가기 전의 "만약 ~라면, ……입니까?"라는 시험적인 클로징입니다. 이 방법은 상담에서 대단히 효과적입니다. 좋을 질문에 테스트 클로징을 결합할 수만 있다면 더욱 쉽게 고객의 관심도를 판단할 수 있습니다. 해야만 하는 질문을 할 수 있다면 최종적인 클로징은 필요 없게 되는 일도 있습니다. 테스트 클로징의 상세한 내용에 대해서는 다음 Lesson에서 취급하겠습니다. 에드워즈가 제창했던 이러한 테크닉을 몸에 익히면 클로징 지식이 더욱 심화되고, 당신도 고객도 지금보다 상담이 좀 더 즐거워질 것입니다.

이 장에서 배운 것을 즉시 실험해 보세요. 우선은 가족이나 친구를 대상으로 리허설을 하면 좋습니다. 실전에서 테크닉을 사용하는 것은 준비가 다 끝난 다음에 시도하세요. **프로는 연습을 통해 기술을 연마하고 나서 시합에 임하는 법입니다.**

사이사이에
테스트 클로징 방법

수많은 기업의 세일즈맨 트레이닝을 하면서 염려되는 것은 역량이 부족한 세일즈맨일수록 클로징을 억지로 한다는 사실입니다. 한 번 더 말씀드리겠습니다. **역량이 부족한 세일즈맨일수록 클로징을 억지로 합니다.** 클로징은 계약을 따내기 위해 불가결한 스킬입니다. 그런데 대다수의 세일즈맨은 상대방의 니즈를 확인도 하기 전에 클로징에 돌입합니다. 만약 당신이 그 고객의 입장이라면 어떻겠습니까? 자동차나 가구같이 부피나 금액이 큰 쇼핑을 할 때에 세일즈맨이 빨리 정하라고 압력을 가한다면 좋아할 사람이 있나요?

그런데 그런 방법이 좋은 방법이고, 그렇게 해야만 세일즈맨이다라고 생각하고 있는 기업들이 많이 있습니다. 터무니없이 잘못된 생각입니다. 그래서는 인간관계를 전혀 구축할 수가 없습니다. 설령 그때는 사주더라도 그 고객은 두 번 다시는 돌아오지 않을 것입니다. 가족이나 친구나 동료에게 쇼핑 잘했다고 선전하는 일도 없습니다.

억지로 클로징을 하는 세일즈맨의 문제점은 사이사이에 테스트 클로징을 하지 않는다는 점입니다. 최종적인 클로징을 하기 전에 시험적인 클로징을 하게 되면 생각이 정리되고 고객이 계약까지의 여정을 부드럽게 나아갈 수 있게 됩니다. 테스트 클로징의 기본적인 형태는 단순명쾌합니다. "만약 ~라면, ……입니까?" 어떤 상황에서도 사용할 수 있고 계약으로 대화를 진행하는 계기로서도 효과적입니다.

저의 일례를 소개하겠습니다. "만약 이 책이 마음에 드신다면 다른 작품도 구입하시겠습니까?" 혹은 뒷부분만 "귀사의 영업 트레이너로서 저를 채용해 주시겠습니까?"로 바꿔도 괜찮을 것입니다. 어느 쪽이든 단도직입적으로 요건을 제시하면서 "예!" 또는 "아니요!"로 대답할 수 있게 되어 있습니다. "예!"라고 대답을 하면 이쪽 바람대로 되는 것이지요. 그 다음 몇 가지 질문을 해서 니즈를 빠짐없이 듣고 파악합니다. 만약 "아니요!"라고 하면 "왜 그러시죠?"라고 묻기만 하면 됩니다.

몇 번이고 반복했듯이 상담에서 중요한 것은 질문입니다. **가망고객이나 그 기업에 대해 정보를 모으기 위해서는 질문이 필수적입니다.** 세일즈맨이

해야만 할 일은 질문, 오로지 이것 하나면 충분합니다. 믿을 수 없다면 고명한 저자들의 영업 책자들을 어느 것이라도 펼쳐보기 바랍니다. 믿기 힘들겠지만 모두 같은 말을 하고 있습니다. 상담의 열쇠는 바로 질문하는 것입니다. 일방적으로 이야기하는 것이 아닙니다.

세일즈맨은 질문을 반복해 고객의 관심도를 판단해야 합니다. 그래도 가망이 없다면 다음 고객을 찾아야 합니다. 만약 가망이 있다면 더욱 질문을 해서 가능하다면 다음 약속을 잡습니다.

예를 들어, 지금 당신이 자동차 대리점에서 신차를 찾고 있습니다. 그러는 사이에 세일즈맨이 다가왔습니다. 인사를 한 다음 두세 가지 기본적인 질문을 하고 약간 분위기가 부드러워지기 시작했습니다. 그때 세일즈맨이 이렇게 얘기를 한다면 어떠시겠습니까?

"만약 구매하신다면 제시한 가격에서 4%를 빼 드릴 수 있는데 어떠십니까? 원래 이윤이 8%로 낮게 설정되어 있어서 그 정도밖에 해드릴 수가 없습니다. 다른 어떤 딜러보다도 싸게 해드리겠습니다. 출시 가격은 어디나 같거든요." 이런 식으로 단도직입적으로 이야기를 걸어온다면 기분이 편안하지 않습니까? 쓸데없는 가격흥정에 시간을 뺏길 일도 없습니다.

테스트 클로징을 사이사이 하게 되면 계약을 억지로 다그치지 않아도 됩니다. 적절한 테스트 클로징을 하고 그 뒤에도 좋은 질문을 계속해간다면 아마도 최종적인 클로징은 필요 없어질 것입니다. 무엇을 언제 얼마나 구매하고자 하는지 고객 스스로 이야기해 줄 것이기 때문이니까요.

계약의 열쇠는 테스트 클로징과 많은 질문입니다. 절대 잊지 마세요.

Action Plan

당신의 상품이나 서비스에 최적의 테스트 클로징을 생각해 보세요.

1.

2.

3.

4.

5.

Quiz
11

---

1. 세일즈맨들이 가장 어렵다고 오해하고 있는 것은?

    A. 약속을 잡는 것

    B. 주문서를 쓰는 것

    C. 제대로 된 복장을 하는 것

    D. 상담의 클로징

2. 클로징의 아버지는?

    A. 마이클 조던

    B. 빌 클린턴

    C. J. 더글라스 에드워즈

    D. 빌 게이츠

3. 테스트 클로징의 기본적인 형태는?

    A. "만약 ～라면, ……입니까?"

    B. "저한테 구매해 주세요."

    C. "무엇을 하면 거래를 하시겠습니까?"

    D. "추천 드립니다."

4. 테스트 클로징을 사이사이에 하기 가장 좋은 타이밍은?

    A. 상담의 시작 부분

    B. 상담의 마지막

    C. 상담의 흐름이 위태로워지면

    D. 상담 중에 언제라도

정답 1.D 2.C 3.A 4.D

PART 12

After Follow의 중요성

Hal Becker's Ultimate Sales Book

After Follow의
'3가지 포인트'

계약 체결 후의 후속조치에 힘을 쏟아야 합니다. 그 조치에 고객이 만족하면 다음 계약으로 이어집니다. 상품이나 서비스에 불만이 없는지 고객에게 반드시 질문하세요. "문제가 있다면 언제라도 대응하겠습니다"라는 자세가 신뢰를 낳습니다. Customer Service란 그런 것입니다. (저는 계약 전에 영업활동뿐만 아니라 Customer Service에도 많은 열정을 갖고 있으며 저서 〈Lip Service〉에서는 메인테마로 취급하였습니다)

다음의 카드는 당신이 편한 대로 사용하세요. 회사 로고를 넣든지, 축구장 정도의 특대 사이즈로 만들든지, 사무실 벽에 붙이든지 어쨌든 사용하세요! 카드에는 Customer Service의 요점을 정리해 두었습니다. 반드시 실천하세요.

Customer Service 보증서

아래 조항을 실시하지 않으면 본 보증서는 무효로 간주합니다.
최고의 Customer Service를 제공하기 위해 저는

1. **고객을 이해하기 위해 노력하겠습니다**: 세일즈맨이 어
   떻게 생각하는가가 아니라 고객이 어떻게 생각하는가가
   Customer Service의 핵심이다.

2. **창의력을 발휘하겠습니다**: Customer Service란 고객의 기
   대 이상으로 봉사하는 것이다.

3. **성실하게 대응하겠습니다**: 고객이 항상 옳은 것은 아닙니다.
   하지만 최종적인 결정권은 상대방에게 있다는 것을 잊지 않
   겠습니다.

또한 다음 사항에도 유의하겠습니다.

- 영업활동이란 말하는 것이 아니라 질문하는 것이다. 들려주는 것이 아니라 듣는 것이다.
- 사람은 사람을 통해 어떤 것을 산다.

Customer Service라고 하면 대부분의 기업들이 입에 발린 선전만을 하고 있습니다. 광고만으로 좋은 기업이라고 믿게 하려고 하는 것이지요. 그런데 현실에서는 일주일에 한 번이나 두 번의 높은 확률로 엄청난 서비스와 만나고 있습니다. 소비자가 포기한 탓에 이런 광고가 만연하는 것인지 단순히 기업의 태만에 의한 것인지. 어느 쪽이 맞든 둘 다 이상한 이야기입니다.

Customer Service에는 중요한 포인트가 있습니다. 그것을 고려하지 않으면 가치 있는 대응을 할 수 없습니다. 기업이 약간의 연수를 하고, 간단한 순서에 따라 책임자를 임명하고, 영업팀의 대응을 확인해 보면 놀랄 정도로 간단한 양질의 Customer Service를 제공할 수가 있습니다. 일류기업들에는 일류 Customer Service가 있습니다. 그 밖의 기업은 입에 발린 대응만 할 뿐입니다. 혹은 실시하고 있는 흉내만 내는 데 지나지 않습니다.

질 높은 Customer Service를 제공하기 위해서는 다음의 3가지 사항에 유의해야 합니다.

1. 고객을 이해하기 위해 노력한다. Customer Service는 세일즈맨이 어떻게 생각하는가가 아니라 고객이 어떻게 생각하는가가 문제입니다. 레스토랑의 요리나 서비스가 안 좋으면 대부분의 사람들은 이렇게 말할 것입니다. "저 레스토랑은 가면 안 돼. 서비스는 엉망이고 요리도 최악이야!" 그런데 절대로 이렇게 말해 주지 않습니다. "저 레스토랑이 계속 운영되려면 서비스 담당은 베키를 빼고, 요리사는 밥을 빼야만 해!" 다음의 예는 어떻습니까? 레스토랑에서 식사를 마친 당신은 서비스 담당에게 "어떠셨습니까?"라는 질문을 받습니다. 맛있지 않았다는 사실을 정직하게 전달하자 다음과 같은 제안이 있었습니다. "디저트를 무료로 서비스해 드리겠습니다." 그런데 당신은 힘든 다이어트 2일차로 단 것이라면 벽지에 발라진 풀이라도 먹고 싶은 심정인데 그 레스토랑을 골라 오늘 유일한 한 끼 식사를 했던 것입니다. 웨이트리스는 이렇게 얘기했어야만 합니다. "어떻게 해드리면 좋겠습니까?" 이렇게 나오면 당신에게 선택지가 있기 때문에 만족하고 레스토랑을 나올 수 있었을 것입니다.

2. 창의력을 발휘한다. Customer Service란 고객의 기대 이상으로 봉사하는 것입니다. 예를 들면, 지금까지 아끼던 차를 수리하러 보내서 예정보다 빨리 끝난 적이 있었습니까? 견적보다 쌌던 적은요? 돌아온

차가 깨끗하게 세차 되고 내부도 청소된 적은요? 그런 일은 있을 수 없다고요? 아닙니다. 있어도 괜찮지 않을까요? 기대 이상의 대접을 받으면 대부분의 사람들은 다른 곳에 눈을 돌리지 않습니다. 오랫동안 단골손님으로 있어 주지 않을까요?

3. **성실하게 대응한다.** 고객이 말하는 것이 반드시 옳은 것은 아닙니다. 하지만 주도권은 고객에게 있습니다. 그것을 염두에 둬야 합니다. "고객은 왕이다"는 표현은 잘못된 말입니다. 그런데 실제로 "아니요!"라고 말해 버리면 단골을 잃게 될 처지에 놓이게 되고 더는 이익도 나지 않게 됩니다. 고객이 "그래 내가 맞았어!"라고 느끼게 해 준다면 비즈니스는 지속될 것입니다. 누구라도 지적받거나 교정 받고 싶어하지 않습니다. 자기 자신은 소중한 사람이라고 대우받고 싶어합니다.

마지막으로 하나 더. **사람은 사람한테 어떤 것을 삽니다.** 누구라도 자기가 좋아하는 사람과 비즈니스를 하고 싶어합니다. 무언가 쇼핑을 한다면 좋은 기분으로 그 가게를 나오고자 하는 것은 당연합니다. 최고의 서비스를 해 주는 곳에는 자연스럽게 또 가고 싶어집니다. 만족한 경험을 하게 되면 주변에 알리고 싶어지기도 합니다.

좋은 사람이 되어야 하고 좋은 태도로 상대를 대하는 것이 훌륭한 Customer Service**로 연결됩니다.** 이 점을 잊지 말아 주세요. 당신의 태도가 Customer Service의 좋고 나쁨을 결정짓습니다. 실로 단순한 이야기입니다. 동시에 기업은 종업원들에게 권한을 주고 각자의 상황에 맞게 자유롭게 대응할 수 있도록 해 줘야만 합니다. 그러한 기업문화가 있어야만 비로소 훌륭한 Customer Service를 제공할 수 있는 것입니다.

'평생고객'으로 바꾸기

입으로는 Customer Service를 중시한다고 말하면서 실제로는 거의 아무런 노력도 하지 않는 기업들이 많은 것은 왜일까요? **영업활동에서 어려운 것은 고객을 획득하는 것이지 유지하는 것은 간단합니다.** 회사의 경영진이 이 이야기를 듣는다면 분명히 틀렸다고 주장할 것입니다. 그들 자신이 고객 유지에 실패하고 있기 때문일 것입니다. 이유는 물론 미숙한 Customer Service입니다. 그러나 유감스럽게도 그 사실을 전혀 파악하지 못하고 있습니다.

고객을 만족하게 해서 계속 단골손님으로 머물게 하는 것은 결코 어려운 일이 아닙니다. 예전에 어느 친구는 **신규고객을 획득해 평생고객으로 바꾸는 것이 중요하다고** 말했습니다. 그렇게 하는 데 필요한 것은 성실하게 자기도 다른 사람이 그렇게 해 주기를 바라는 것처럼 고객을 대하기만 하면 됩니다. 상담할 때 대부분의 세일즈맨은 "계약하신다면 철저한 Customer Service를 보증하겠습니다"라고 약속을 합니다.

그런데 실제로 계약하고 나면 어떻던가요? 아무런 후속조치도 없습니다. 약속이 깨진 고객은 불만이 더해질 뿐입니다. 여기서 한 가지 질문하겠습니다. 만약 당신에게 고객이 단 한 사람밖에 없다면 어떻게 대응하시겠습니까? 어쨌든 정중하게 대하지 않을까요? 왜 그것을 다수의 고객에게 하지 못하는 것일까요? 절대 무시하거나 따돌리거나 하지 않고 고객이 원하고 있는 바에 응해 주세요. 핑계 대지 말고 그 자리에서 즉시 대응하세요. 그렇게 하면 약속을 지킬 수 있습니다.

이런 상황을 상상해 보기 바랍니다. 어느 레스토랑에 갔더니 식사는 더할 나위 없이 좋았습니다. 그런데 서비스 담당 직원의 태도가 안 좋아 요리를 운반할 때에도 커피를 추가로 따라 줄 때에도 "내가 해 주는 거야!"라고 선심 쓰듯 행동합니다. 만약 같은 레스토랑에서 같은 것을 요청했을 때 서비스 담당 직원이 싹싹하고 부드럽게 기대 이상의 훌륭한 대응을 해 주었다면 어땠을까요? 당신이라면 어느 쪽 접대 직원에게 팁을 건네겠습니까? 좋은 일을 해 준 사람에게 그 답례를 하는 것은 기분이 좋은 것입니다. 세일즈맨도 좋은 일을 하고 있으면 보수라는 답례를 받을 수 있습니다.

비즈니스 세계에서 진정 성공하고 싶다면 고객을 획득하는 것뿐만 아니라 유지에도 힘을 쏟아야만 합니다. 그리고 동시에 광고비 등의 지출을 억제할 필요도 있습니다. 마케팅 비용을 절감하기 위해서는 '고객 만족'이 가장 좋은 지름길입니다. 만족한 고객으로부터 입소문 효과를 기대할 수 있기 때문입니다. **입소문은 지금도 그리고 앞으로도 고객획득의 특효약일 것입니다.** 질 높은 Customer Service야말로 잘 나가는 비즈니스의 핵심입니다.

미국의 불량자산구제프로그램TARP이 실시한 '소비자에 의한 클레임에 관한 전국조사'(NTIS PB-263 082/0, 1976년)에서 몇 가지 재미있는 통계결과를 볼 수 있습니다.

- 서비스에 불만을 느낀 소비자의 96%는 기업에 대해 아무 말도 하지 않는다.
- 서비스에 불만을 느낀 소비자는 평균 약 9~10명에게 그 경험을 말한다. 20명 이상에게 말하는 것은 불만 고객 중 약 13%이다.
- 한 건의 클레임의 배경에는 평균 26명의 불만고객이 존재한다. 그 가운데 적어도 6건은 중대한 문제이다.
- 클레임을 하지 않는 불만고객 가운데 65~90%는 두 번 다시 같은 기업

을 이용하지 않는다. 또 그 이유를 기업이 아는 일은 절대로 없다.

- 클레임이 해결된다면 불만고객의 54~70%는 다시 그 기업을 이용하고 그 중 대부분이 재구매자가 된다.

그럼 고객을 제대로 만족하게 하기 위해서는 실제로 어떻게 하면 좋을까요?

다음은 질문에 대한 힌트입니다.

- 자발적으로 의견을 듣는다. 불만을 느낀 고객이 문제점을 쉽게 지적할 수 있도록 가능한 궁리를 해 보세요.

- 가능한 신속하게 문제를 해결한다. 그러는 동안 얼굴에 미소를 잊지 않도록 합니다.

- 클레임에 대해 기록을 하고 방지책을 분석하여 대응순서 등을 수정한다.

- 종업원이 적극 봉사할 수 있도록 인센티크를 준다.

판매하는 것이 아니라 **고객에 관한 것을 항상 생각하면서 행동하세요.** 그 때문에 고객의 만족도는 향상될 것입니다 동시에 마케팅의 비용은 내려갈 것입니다.

고객과 계속 진행형 만들기

예전에 TV에 방영되었던 'FRIENDS'라는 시트콤을 기억하십니까? 이 코미디 프로그램에서 영업활동의 Customer Service에 대해 최고의 수업을 받을 수 있습니다. 어떤 중요한 테크닉이 거의 매일 방송에 나오다시피 했는데 눈치챈 사람은 별로 없습니다. 만약 당신이 알아차렸다면 고객과의 관계뿐만 아니라 가족이나 친구들과의 관계도 바뀔 기회였을지도 모릅니다.

저는 이 테크닉을 '조이식 Approach'라고 부르고 있습니다. 조이 트리비아니(애칭 조이)라고 하는 캐릭터를 기억하나요? 메튜 스티븐 르블랑이 연기한 잘생긴 이웃사촌입니다. 그는 여성들을 보게 되면 친숙한 웃는 얼굴로 항상 이렇게 묻습니다. "건강하시~ 죠?"

말투 자체는 물론 바꾸는 게 좋겠지만 이 Approach는 어떤 고객을 관리하는 데에도 당장 사용할 수 있습니다. "어떻게 지내십니까?"라고 단도직입적으로 묻기만 하면 되는 것입니다. "고객을 확실하게 만족하게 하고 싶다"는 마음을 이 한마디로 전달합시다. 세일즈맨의 대부분은 진짜로 물어봐야 할 것을 묻지 않고 있습니다. 고객을 관리하는 게 아니라 상품을 판매하는 것만을 생각하고 있기 때문입니다.

물어보면 불만을 마구 터뜨리는 것이 아닐까, 거래를 취소해버리는 건 아닐까 하면서 두려워하는 세일즈맨이 많이 있을 것입니다. 조이식 Approach에서 중요한 것은 성실한 태도입니다. "고객의 일이 걱정되어서 어떻게 해서든지 답을 듣고 싶다"라는 자세로 질문하세요. **어느 고객이든지 상관없이 항상 질문합니다.** 일부 고객이나 듣기 좋은 답을 줄 것 같은 고객만이 아닙니다. 불만을 피하는 것은 일부러 거래 수명을 단축하게 하는 것이나 마찬가지입니다. 물론 일은 늘어날지도 모릅니다. 하지만 다시 하나서부터 신규고객을 개척하는 것에 비하면 시간도 그다지 걸리지 않을 것입니다. 조이식 Approach는 아직 거래가 시작된 지 얼마 되지 않아 확실한 관계에 이르기 전의 고객에게 특히 효과가 있습니다. 계약 성립 후에는 정기적으로 관리하는 전화를 합니다. 고객한테 연락이 오기를 기다리지 말고 적극 나서기 바랍니다. 이쪽에서 자발적으로 먼저 연락을 취해 만족하고 있는지 아닌지를 확인하세요.

고객과의 접촉은 불가결합니다. 세일즈맨의 대다수는 그것을 게을리 하고 있으며 장기간 내버려둔 채로 있는 경우도 드물지 않습니다. 고객과 확실한 인간관계를 구축하기 위해서 시간을 들이지도 노력하지도 않는 것이지요. 계약만 하고 나면 이제 다음 가망고객에 관한 것만 머릿속에 가득합니다. 아마도 형식적인 감사 편지나 간단한 메일 정도는 보내고 있을 것입니다. 그러나 그것만으로 양호한 관계를 구축할 수 있을까요? 계약해 준 것, 자신을 신뢰해 준 것, 경쟁자가 아닌 당신을 선택해 준 것에 대한 감사의 마음이 그렇게 해서 제대로 전해지겠습니까?

Action Plan

조이식 Approach는 다음과 같은 질문으로 바꿔도 문제없습니다.

- 저희 회사 상품(서비스)에 만족하십니까?

- 무언가 불만스러운 점은 없으십니까?

- "이렇게 해 준다면 더 좋을 것 같다"는 것에는 무엇이 있습니까?

당신은 어떤 조이식 Approach를 하고 있습니까?

'비위 맞추기'로
양호한 관계 만들기

고객과 좋은 관계를 지속하기 위해서는 시간 외에 충분한 '아첨'이 필요합니다. 아첨꾼이라고 하면 부정적인 이미지만 떠오를지도 모르겠습니다만 고정관념은 모두 잊어주기 바랍니다. 여기서는 성의를 가득 담은 말과 행동을 말합니다. 즉, **고객이 확실하게 만족할 수 있고 기뻐하도록 온갖 노력을 다하는 것입니다.** "필요한 때에는 언제라도 달려가겠습니다"는 자세를 보이고 그것을 실행하는 것이 여기서 말하는 아첨꾼입니다. 그렇게 해서 접촉을 하면 할수록 고객을 깊게 이해할 수 있게 되고 현재의 니즈도 장래의 니즈도 쉽게 확인할 수가 있습니다. 당신의 회사에 대해 만족한 점, 불만족스러워하고 있는 점도 분명해질 것입니다. 만약 고객이 제시한 작은 힌트로 자기 회사 업무의 극히 일부라도 개선할 수 있다면 당신에 대한 회사 내 평가는 높아질지도 모릅니다. 부지런하게 연락을 취하고 질문하는 것만으로도 고객으로부터도 회사로부터도 좋은 평가를 받을 수 있을 것입니다.

유머감각이 있는 고객과의 만남은 즐겁습니다. 예의를 갖추고 일에 온 힘을 다하고 있으면 조금은 즐겨도 상관없습니다. 저는 기업이나 단체에서 강연 요청을 받았을 때에는 그 강연이 끝난 직후 클라이언트에게 이런 전화를 합니다. "오늘은 초대해 주셔서 감사합니다. 강연은 만족하셨습니까? 그걸 확인하기 위해 이렇게 아부전화를 드렸습니다." 이렇게 해서 상대방이 불평을 늘어놓는 경우는 한 번도 없었습니다. 전혀 그 반대입니다. 보이스 메일로 메시지를 남겼을 때에도 상대방으로부터 반드시 연락이 와서 "아까 듣고는 웃고 말았습니다"라고 말해 줍니다. 이런 아부를 하는 데 중요한 것은 될 수 있는 대로 빨리 행동으로 옮기는 것입니다. 그리고 고객을 염려하고 있는 마음을 성실하게 전달하는 것이죠. 그것이 가장 중요합니다. 기계적으로 하고 있어서는 전달되지 않습니다.

앞에서도 말씀드렸지만 저는 저 스스로 소개를 요청한 적이 한 번도 없습니다. 지난 27년 동안 영업 컨설턴트로서 받은 의뢰는 100% 입소문에 의한 것이었습니다. 그 비결은 단순합니다. 아부해서 고객과 오랜 기간 접촉을 계속 유지하는 것뿐입니다. 고객과 연락을 끊지 않는 것은 자기 이익을 위해서가 아닙니다. "달리 강사가 필요하다면 연락주세요"라고 얘기하는 경우도 자주 있습니다. 저는 상대방의 청중이나 강연 내용의 기호를 잘 알고 있기 때문에 동업자 중에서 알맞은 인재를 찾아내기가 쉽습니다. 아부에 특별한 규칙은 없습니다. **고객에 관해 생각하고 행동한다면 어떤 방법이라도 괜찮습니다.** 당신이 어떻게 하고 싶은가가 아니라 고객이라면 무엇을 원할 것인가를 잘 생각하기 바랍니다. 그리고 말하고 싶은 것은 꼭 메모합니다. 연습으로 자기 부재중 전화에 녹음해서 어떻게 들리는지 확인하는 것도 좋은 방법입니다. 이 아부로 성실함은 전달되었습니까? 공허하게 들리지는 않습니까? 사전에 제대로 연습해 두면 차분하게 고객에 대한 마음을 전달할 수 있을 것입니다.

성공의 열쇠는 'CRAP'

일도 개인사도 가능한 한 충실하고자 한다면 게임의 법칙에 따르는 것이 좋습니다. 그렇습니다. **일도 개인사도 게임입니다.** 게임에는 일정한 규칙과 제한시간이 있습니다. 규칙에 따르지 않으면 벌칙을 받기도 합니다. 분명 게임의 본질은 단순합니다. 대부분의 경우에는 승자의 자리에 앉을 수 있을 것입니다. 열쇠가 되는 규칙이 'CRAP'이라는 사실만 터득하게 된다면 말이죠. CRAP('헛소리' 또는 '똥'의 의미)이라고? 갑자기 이상한 말이 나와서 기분이 언짢아진 분이 계실지도 모르겠습니다만 지금부터 시작하는 글을 읽고 손해 보는 일은 없을 것입니다. CRAP에 따라서 행동한다면 놀랄 정도로 훌륭한 결과가 기다리고 있습니다. 이제 CRAP이 무엇인지 구체적으로 보도록 하겠습니다.

- Caring(존중). 자기 일에 대해 존중하는 마음을 잊지 않고 무슨 일이든지 소중하게 생각하고 행동합니다. 기계적으로 하기만 해서는 의미가 없습니다. 가족이나 친구들을 대할 때도 마찬가지입니다. 항상 소중하게 대하세요. 예를 들어, 항공기 기장이라면 안전에 관해 책임을 지고 승객을 소중하게 대해야 합니다. 의사라면 환자, 어머니라면 아이들, 세일즈맨이라면 고객. 충실하고 풍요로운 나날을 보내기 위해서는 스스로 자발적으로 나서서 사람과 사물을 존중하는 마음을 갖는 것이 무엇보다도 중요합니다.

- Relationships(인간관계). 깊은 인간관계를 구축할 수 있다면 인생이 풍요로워집니다. 표면적이며 무의미한 만남만 있는 인생과 서로 깊게 이해하는 인간관계 속에서 살아가는 인생 가운데 어느 쪽이 좋겠습니까? 무슨 일이 있더라도 반드시 달려와 주는 사람이 있다면 자신도 마찬가지로 상대방을 도와줍니다. 누구든지 그러한 인생을 보내고 싶지 않을까요? 인간관계는 가족이나 친구하고만 쌓아가는 것이 아닙니다. 동료나 고객과의 관계도 소중히 하기 바랍니다.

- Attitude(태도). 어떤 일이든지 전향적인 자세로 노력하는 사람과 함께 있으면 즐거운 법입니다. 긍정적인 사람은 언제나 위를 지향하고 있습니다. 일이나 가족에 대한 자세는 물론 중요하지만 정원의 잔디를 어떻게 가꿀 것인가도 당신의 자세와 관련이 있습니다. "이렇게 했으면 좋겠다", "이런 모습이고 싶다"고 하는 마음가짐이 확실하다면

그것을 위해 생각하고 시간을 들여 열심히 노력하게 됩니다. 태도가 달라지면 사물을 바라보는 시각이 달라집니다. 그리고 이것이 눈앞에 있는 문제에 대응하는 방법을 좌우하게 됩니다. 즉, 태도가 결과를 결정짓는 것입니다.

• Passion(열정). 열정이 없으면 무언가 뛰어난 일을 할 수 없습니다. 평범함과 비범함을 가르는 것은 열정입니다. 저는 비범한 사람들과 함께 있는 것이 좋습니다. 이유는 몇 가지 있는데 그들로부터 많은 것을 배울 수가 있습니다. 게다가 무언가에 뛰어난 사람의 행동이나 일하는 모습을 보고 있으면 실로 행복한 기분에 젖어들게 됩니다. 누구라도 제가 골프를 치고 있는 것보다는 타이거 우즈의 플레이를 보고 싶어할 것입니다. 반대로 마이클 조던 대신에 우디 앨런 (미국 영화감독, 배우)이 농구시합에 나오더라도 흥미를 갖지는 않을 것입니다.

항상 CRAP이라는 네 글자를 잊지 말고 행동하세요. 멋진 결과가 여러분을 기다리고 있을 것입니다. 일에서든 개인사에서든 승자의 자리에 앉고 싶다면 우선 자기 내면을 잘 관찰하세요. 그 내면 깊숙한 곳에는 반드시 성공에 빼놓을 수 없는 중요한 자질이 잠재되어 있을 것입니다. 그것이 바로 당신의 CRAP인 것입니다.

Quiz
12-1

---

1. 신규고객을 획득한 다음 중요한 것은?

    A. 말하는 대로 움직이는 꼭두각시로 만들 것

    B. 친구를 삼을 것

    C. 평생고객으로 삼을 것

    D. 적으로 삼을 것

2. 고객만족도를 높이게 되면 쉽게 실현할 수 있는 것은?

    A. 광고나 마케팅 비용 절감

    B. 고객에게 연락을 취하는 횟수 감소

    C. 캠프파이어에서 노래하는 횟수 감소

    D. 영화를 보는 횟수 감소

3. 소비자의 대부분은?

    A. 돈을 쓰지 않는다.

    B. 커피를 마시지 않는다.

    C. 전쟁체험을 말하지 않는다.

    D. 클레임을 넣지 않는다.

4. 불만을 느낀 소비자는 그 경험을?

    A. 4명에게 이야기 한다.

    B. 9~10명에게 이야기 한다.

    C. 지인 전부에게 이야기 한다.

    D. 누구에게도 이야기 하지 않는다.

Quiz
12-2

---

5. 조이가 등장인물이었던 프로그램은?

A. CHEERS

B. BOD⌄S

C. FRIENDS

D. NYPD BLUE〜NEW YORK 시경 제15분서

6. 조이의 우명한 더사는?

A. "어떻게 지내서요?"

B. "가족들은 잘 지내나요?"

C. "일은 잘 돼가요?"

D. "건강하시〜죠?"

7. 세일즈먼이 해야 할 것은?

A. 아주 친근감 있는 전화

B. 탐색하는 전화

C. 사후관리 전화

D. 위 3가지 모두 정답

정답 1.C 2.A 3.D 4.B 5.C 6.D 7.C

ROLE PLAY
연습

상담능력을 기르는
연습 순서

거의 모든 직업의 사람들은 정기적으로 보수교육을 받고 있습니다. 세일즈맨의 경우에는 영업 매뉴얼을 읽는다든지 연수프로그램에 참가하는 것 외에도 Role Play 연습을 통해 실력을 기를 수 있습니다. 책상 위에서 상담 스킬을 실천하는 데 있어서 아주 효과적인 수단입니다.

그럼 지금부터 상담능력을 연마하는 Role Play 연습을 소개하겠습니다.

다음은 그 순서입니다.

1. 테마를 정한다. 어떤 연습에도 테마(주제)가 필요합니다. 예를 들어, 기본적이라면 '가망고객에게 인사한다', '신뢰관계를 구축한다', '질문

한다', '가망고객의 니즈를 파악한다', '상담을 정리한다(클로징 한다)', '거절을 처리한다' 같은 것이면 됩니다. 당신이 개선하고 싶은 것이 있다면 무엇이든지 좋습니다.

2. **멤버를 선택한다.** 예를 들어, 영업부서에 15명이 있다면 3명씩 조를 나눕니다. 언제나 옆자리에 앉아 있는 사람과 조를 이루지 말기 바랍니다. 지금까지 그다지 접점이 없는 사람과 함께 하는 것이 포인트입니다.

3명이 가망고객, 세일즈맨, 옵저버의 역할을 각각 맡습니다. 가망고객 역할은 좀 강력하게 합니다. 어려운 질문을 하거나 계약에 "아니요!"라고 대답하세요. 세일즈맨 역할은 프레젠테이션보다도 질문 연습을 하기 바랍니다. 매우 유익한 훈련이 될 것입니다. 세 사람 가운데 가장 중요한 것은 옵저버 역할입니다. 잘 관찰하고 메모하면서 인식한 점을 기록해야 합니다. 멤버의 말과 행동 하나하나의 옳고 그름을 관찰할 뿐만 아니라 영화 비평가가 리뷰를 적을 때처럼 전체를 파악하는 것이 중요합니다.

3. **세일즈맨 역할이 자기 퍼포먼스를 되돌아본다.** 연습이 끝나면 우선은 세일즈맨 역할이 시간을 갖습니다. 다른 멤버들 앞에서 자기는 좀 더 어떻게 했어야만 했다는 것을 되돌아보면서 평가해야 합니다.

4. **옵저버 역할이 총평한다.** 이번에는 옵저버 역할의 순서입니다. 세일즈맨 역할의 좋았던 점이나 개선이 필요한 점에 대해 인식한 점을 이

야기해 주세요. 옵저버 역할이 의견을 많이 내면 낼수록 세일즈맨 역할이 많은 것을 배울 수가 있습니다.

이러한 훈련이 당신의 커리어를 신장시켜줄 것입니다. 배역을 바꿔가면서 3명 전원이 모든 역할을 연기하도록 해야 합니다. 그렇게 해야 각자가 확실한 의견이나 아이디어를 낼 수가 있습니다. 각 15분씩, 총 45분 동안 하면 됩니다.

상담에는 다양한 상황이 있습니다. Role Play 연습을 계속하다 보면 차분하게 실전에 임할 수 있을 것입니다. 여러 가지 대처방법을 익혀서 스스로에 대한 자신감을 기르고 더욱더 상담 기술을 연마해 주기 바랍니다.

세일즈맨에게 있어서 Role Play 연습은 결코 간단한 일이 아닙니다. 내용이 현실적이지 못하거나 연극조로 흘러버리는 일도 있을 것입니다. 중요한 것은 편안한 마음으로 될 수 있는 한 사실적으로 역할에 몰입해서 연습하는 것입니다. 이와 같은 연습은 지속해서 해야만 합니다. 축구선수나 농구선수도 실력을 유지하고 향상하기 위해 연습을 게을리하지 않습니다.

매우 중요한
연습의 배역

Role Play 연습의 배역은 모두 다 중요하며 각자에게 구체적인 역할이 있습니다. 예를 들어, 당신의 역할이 세일즈맨이라고 가정하고, 지금부터 가망고객과 최초의 약속 자리라고 설정합니다. 연습의 테마는 상대방 기업과 그 니즈를 알아내는 것입니다. 아래 항목에 대해 질문하면 좋을 것입니다.

- 사업내용
- 결정권
- 현재 거래업자
- 불만스러운 점(만약 있다면)

가망고객 역할도 물론 세일즈맨과 처음으로 대면하는 것으로 설정합니다. "세일즈맨의 이야기에 이의는 없지만 금방 결정하기는 어렵다"는 자세를 취합니다. 조금은 강력하게 대응합니다(다만 지나치게 까칠하지는 않게 합니다). 세일즈맨이 말하는 대로 순순히 따르지 않고 현실적인 거절을 두세 가지 정도 하세요. 사실처럼 해야 합니다. 세일즈맨 역할이 살 것인지 의사를 타진하면 "좀 더 천천히 생각해 볼게요"라고 대답합니다.

옵저버 역할이라면 세일즈맨이 무엇을 묻고 가망고객이 어떻게 대답하는지를 잘 관찰하세요. 그리고 다음 사항에 유의하기 바랍니다.

- 세일즈맨은 가망고객 기업과 니즈를 알아내기 위해 적절한 질문을 했습니까?
- 세일즈맨은 결정권자와 상담을 하고 있었습니까?
- 가망고객이 구매 의사를 내비쳤는데도 세일즈맨이 그것을 알아차리지 못하지는 않았습니까?
- 세일즈맨은 가망고객의 거절을 얼마나 능숙하게 처리했습니까?
- 가망고객의 거절은 현실적인 내용이었습니까? 세일즈맨이나 가망고객 어느 쪽 사정에 맞춰서 적당하게 진행되지는 않았습니까?
- 세일즈맨의 말과 행동은 현실적이었습니까?
- 세일즈맨은 계약까지 상담을 끌고 갔습니까?
- 세일즈맨은 지나치게 말을 많이 하지는 않았습니까?

만약 당신이 영업부서의 관리직으로 이 연습을 지휘하는 입장이라면 다음의 양식을 이용하기 바랍니다.

세일즈맨 역할:

일자:

가망고객 또는 기존고객 역할:

조용히 앉아 계세요. 관리직의 역할은 잘 보고 잘 듣고 세일즈맨이 자신의 퍼포먼스를 평가하기 쉽도록 중요한 피드백을 해 주는 것입니다.

자, 상세하게 메모를 하세요.

상담 전:

세일즈맨의 준비는 제대로 되어 있습니까? 질문 리스트는 갖고 있던가요? 상담에 필요한 정보 등은 도두 준비되어 있습니까?

상담 중: 장점과 단점 양쪽 모두를 평가하세요. 제대로 한 점, 잘 못한 점, 개선했으면 좋았을 거라고 생각되는 점을 상세하게 기술하세요.

장점과 개선할 점

신뢰관계를 구축하는 스킬:

질문 스킬, 가망 정도를 판단하는 스킬:

듣는 스킬:

프레젠테이션 스킬:

거절을 처리하는 스킬:

고객의 로열티를 얻어내는 스킬:

테스트 클로징과 클로징 스킬:

Quiz
13

1. Role Play 연습은?

    A. 참가자가 정보를 서로 나누어 갖는다.

    B. 지휘하는 역할의 관리직과 친구가 될 수 있다.

    C. 세일즈맨에게 흔련이 된다.

    D. 보수를 받아낼 수 있다.

2. 연습에서 같은 조를 이루어야 하는 상대는?

    A. 평소 그다지 접점이 없는 사람

    B. 친구

    C. 신인

    D. 베테랑

3. 연습이 끝난 뒤에 세일즈맨 역할은
자신의 무엇을 평가하는가?

    A. 인생어 대해

    B. 퍼포먼스에 대해

    C. 좋아하는 영화에 대해

    D. 부끄러운 체험에 대해

4. 옵저버 역할은?

    A. 관찰한 것에 대해 의견을 말한다.

    B. 참가자를 바보로 만든다.

    C. 무엇이든지 무시한다.

    D. 자기 친구만을 칭찬한다.

정답 1.C 2.A 3.B 4.A

PART 14

보너스
Lesson

Hal Becker's Ultimate Sales Book

프레젠테이션 요령

요즘은 비즈니스 환경에서 첨단기술화의 진전으로 아이디어나 메시지를 전달하는 수단에 많은 변화가 생겼습니다. 회의나 강연을 할 때는 파워포인트나 Keynote를 사용한 프레젠테이션을 볼 기회도 많아졌습니다. 그런데 이러한 프레젠테이션은 농담처럼 느껴질 정도로 조악한 경우가 많아 참으면서 보고 있는 청중의 모습이 몹시 우스울 때가 있습니다. 그런데 프레젠테이션을 하는 당사자는 전혀 자각하지 못합니다. 파워포인트 강습을 받아야겠다든지 잘 아는 사람한테 배워야겠다는 마음이 없는 것 같습니다. 그런데 이 책을 읽는 독자 여러분은 걱정하실 필요 없습니다. 이 Lesson을 다 읽을 때쯤이면 청중을 끌어들이는 요령을 터득하게 될 것이니까요.

우선 좋아하는 코미디언을 떠올려 보기 바랍니다. 신부나 목사여도 괜찮을 것 같습니다. 그 가운데 파워포인트를 사용해서 이야기하는 사람이 누가 있습니까? 있을 리 없습니다. 그들의 일은 **자기 자신한테 이목을 집중시켜서 중요한 메시지를 확실하게 전달하는 것입니다.** 만약 프로젝터나 스크린을 사용한다면 청중의 의식이 엉뚱한 데로 새버리고 말 것입니다. 집중해서 자기 이야기를 듣게 하고 싶을 때에 일부러 정신을 산만하게 만드는 것이나 마찬가지입니다. 청중이 언제 무엇에 주목해야 하는지 헷갈려서는 충분히 자기 메시지를 전달할 수가 없습니다.

'프레젠테이션의 달인'이라고 하면 애플사의 전 CEO 스티브 잡스를 꼽을 수 있습니다. 유튜브에서 '스티브 잡스'라고 검색해 보면 Keynote를 구사해서 자사 제품을 소개하고 있는 달인의 일하는 모습을 볼 수 있습니다. 프레젠테이션의 정석이란 어떤 것인가를 알고 싶다면 그의 동영상을 보는 것이 가장 좋을 것입니다.

잡스에게는 진정한 서비스 정신이 있었습니다. 청중이 원하고 있는 것을 확실하게 알고 있었으며 그것을 독자적인 스타일로 전달합니다. 무대 위에서는 언제나 침착하게 그리고 정열적으로 자사 제품에 대해 전달하였습니다. 더구나 그는 연설 그 자체를 즐기고 있었던 것 같습니다. 이러한 요소가 전부 갖춰져 있었기 때문에 더욱더 청중을 매료시킬 수 있었을 것입니다.

그런데 실제로 파워포인트나 Keynote로 만든 자료의 대부분은 인쇄해서 나누어 주는 자료와 다르지 않은 경우가 많습니다. 연사는 스크린에 비친 문장을 그냥 읽을 뿐입니다.

그런 프레젠테이션은 필요 없습니다. 청중이 스스로 읽을 수 있습니다. 물론 길어서 좋을 것도 없습니다. 슬라이드 매수는 최소로 줄여야만 합니다. 각 슬라이드에는 두세 가지 요점만을 적습니다. 잡스의 슬라이드에는 길게 늘어진 문장은 없습니다. 포인트가 되는 약간의 단어만 있을 뿐이며 그것을 설명한 다음에 보여 줍니다. 이렇게 하면 청중의 의식을 특별히 흩트리지 않고 요점을 강조할 수가 있습니다. 문자나 통계 데이터로 가득한 프레젠테이션은 잡스의 스타일이 아닙니다. 항상 청중이 몰입해서 한 눈 팔지 않도록 고안하는 노력을 게을리하지 않았습니다.

또한 잡스는 뛰어난 스토리텔러이기도 했습니다. 신제품의 전모를 곧바로 드러내지 않고 조금씩 내막을 공개하고 절정까지 쭉쭉 끌고 갑니다. 목표지점까지 청중과 함께 여행을 즐기고 있었던 것입니다.

물론 잡스와 같은 달인 중의 달인이 될 필요는 없습니다. 다만 "간결하면 간결할수록 좋다", "슬라이드는 인쇄자료와 같지 않도록" 이라는 것만은 기억해 두기 바랍니다. 파워포인트나 Keynote는 청중이 "좀 더 알고 싶다"고 생각하게 하기 위한 도구일 뿐입니다.

마지막으로 덧붙입니다. 잡스의 연설을 보면 언제나 아무런 어려움 없이 연설을 하고 있는 것처럼 보였습니다. **사전에 확실하게 리허설을 하고 있었기 때문입니다. 당신은 어떻습니까?**

면접의
키포인트

저는 기업에 출장 가서 영업 트레이닝을 하고 있지만 언제나 놀라는 것이 있습니다. 그것은 면접의 주의사항을 알지 못하는 세일 즈맨이 매우 많다는 사실입니다. 면접도 말하자면 세일즈입니다. 파는 것이 상품이든 서비스이든 자기 자신이든 다를 것은 아무것도 없습니다. 어느 쪽이든 그 목적은 자기가 추천하는 것을 상대방이 받아들이게 하는 것입니다. 면접에서는 당신 자신이 상품이고 당신의 일이 서비스입니다.

지금까지 많은 기업에 종사해 왔지만 어떤 업종이든 신인부터 베테랑까지 영업경험의 많고 적음에 상관없이 반드시 발생하는 같은 문제가 있었습니다. 상담하기 전에 질문을 '적어라'고 말하지 않는 이상 자발적으로 적지 않는 것입니다. 대부분의 세일즈맨이 그랬습니다. 머릿속에 들어 있을 뿐이며 즉흥적으로 말하려고 합니다. 확실한 준비도 없이 상담하러 가서 그다음에는 되는 대로 운에 맡깁니다. 그런 어리석은 이야기가 또 어디 있겠습니까?

어떤 면접이든 준비는 필수사항입니다. 이 Lesson에서는 특히 채용 시험 면접을 볼 때의 키포인트를 들어보겠습니다.

- **질문을 준비한다.** 여러 가지 준비 가운데 가장 시간을 들이는 것이 이 단계입니다. 당신이 아니라 면접관이 이야기하면 할수록 채용 확률은 높아집니다. 상대방에게 이야기를 시키세요. 자기 어필만 하는 사람을 채용하고 싶은 기업은 없습니다. 잘 듣는 사람을 채용하고 싶어합니다. 질문은 적어도 10~15개 정도 준비하세요. 물론 사전에 기록해 둬야 합니다. 면접 진행 중에 메모를 봐도 문제가 될 게 없습니다. 이 면접을 위해 확실하게 준비해 왔다는 것을 면접관도 받아들여 줄 것입니다.

예를 들어, 다음과 같은 질문을 하면 좋을 것입니다.

▶ 왜 그 자리가 비어 있는 것입니까? (서롭게 생긴 자리가 아닌 경우) 전임자는 어떻게 되었습니까?

▶ 전임자의 방식과 어떻게 다르게 하면 좋겠습니까?

▸ 긴급한 문제는 있습니까? 단기, 장기 목표는 무엇입니까?

▸ 그 자리에서 결과를 내는 데 필요한 자질은 무엇입니까?

▸ 그 자리의 평균적인 하루를 구체적으로 알려주실 수 있습니까?

▸ 꼭 이 일을 하고 싶은데 다음에 무엇을 하면 좋겠습니까?

이상은 그야말로 일부 예에 지나지 않습니다. 희망하는 일의 내용과 관련된 부서(또는 사원)에 맞는 질문을 생각하기 바랍니다.

• **관찰한다.** 면접 전이나 면접 중에 그 사무실을 관찰하세요. 차분하게 일을 할 수 있는 분위기입니까? 교도소같이 어두운 느낌은 들지 않습니까? 그 방에 들어가는 도중에 눈에 띈 사원들의 모습은 만족하는 듯 했습니까? 착취당하고 있는 것만 같은 인상은 받지 않았습니까?

• **회사 안을 한 바퀴 견학한다.** 어떤 회사인지 보다 구체적으로 살펴봅니다. 사원들은 일에 자부심을 느끼고 있습니까? 간부는 일에 적극 관여하고 있습니까? CEO와 접촉할 기회는 있는 것 같습니까? 그렇지 않으면 멀기만 한 존재입니까? 당신의 경력을 성장시킬 수 있는 직장이라는 생각이 드십니까?

• **몸가짐을 바로 한다.** 복장에서 눈에 띄지 않도록 하세요. 내면적인 개성으로 눈에 띄는 거라면 상관없습니다. 성별과 관계없이 지망하는 직종에 상응한 프로다운 복장을 하기 바랍니다. 머리나 손톱은 항상 청결하게 합니다. 실제로 봤을 때 좋지 않은 인상을 심어주지 않도록 주의해야 합니다.

1차 면접을 통과하는 것이 무엇보다도 중요합니다. 채용으로 가는 여정은 그때부터 시작됩니다. 한 회사만 지망하지 말고 가능성을 넓히기 바랍니다.

질문의 힘으로
'암'을 극복

지금 제가 해 드릴 이야기는 지극히 개인적인 이야기입니다. 그런데 이 Lesson에는 꼭 필요한 내용이라고 생각합니다. 1982년 크리스마스이브 때 일입니다. 저는 위에 통증을 느꼈습니다. 처음에는 운동 탓에 근육이라도 다친 걸까 생각하고 처음 몇 주간은 윗몸일으키기를 그만두었습니다. 그런데 그 후 몇 달이 지나도 통증은 가시지 않았습니다.

결국 용기를 내서 병원에 가 진찰을 받았습니다. 가장 먼저 초음파 검사를 했습니다. 통증을 동반하지 않는 검사이므로 두렵지 않습니다. 다음으로 CT 촬영을 했습니다. 이 검사도 바늘이 사용되지 않는 것을 확인하고 걱정 없이 무난하게 끝냈습니다. 그런데 검사 결과는 참으로 무서운 것이었습니다. 면담을 위해 진찰실에 들어갔을 때만 해도 어차피 근육통이라면 바르는 약만 받고 집에 가면 될 거로 생각했습니다.

그런데 큰 폭탄을 맞은 것입니다. 그것도 핵폭탄이었습니다. 말기암을 선고받았습니다. 복부 림프절에 큰 종양이 발견된 것입니다. 처음 기대했던 것과는 아주 다른 결과였습니다.

치료 방침을 묻자 우선 8~9시간의 외과수술로 림프절을 절제하고, 그 후 8개월에 걸쳐 화학요법을 지속한다는 것이었습니다. 특히 부작용이 걱정이었습니다. 그런데 아무것도 하지 않으면 남은 수명은 5개월에서 6개월 정도밖에 안 됩니다. 수술과 화학요법을 받으면 치료개시로부터 5년 뒤의 생존율이 30%까지 높아진다는 것이었습니다. 저는 의사에게 조금 생각할 시간을 달라고 부탁하고 가능한 한 많은 조사를 했습니다. 자신의 몸에 일어난 일을 이해하기 위해서라도 중요한 시간이었습니다. 조사 결과 암 연구에서는 연구자가 새로운 화학요법의 순서(프로토콜)를 입안하면 심사를 거친 뒤에 각 기관에서 임상시험을 거치는 것을 알았습니다. 저의 암인 위암에 관한 프로토콜을 발표한 것은 인디애나대학의 랄리 아인혼 박사였습니다.

저는 즉시 박사와 약속을 잡고 검사결과를 들고서 의견을 들으러 갔습니다. 박사의 대답은 간단했고 차갑고 단도직입적이었습니다. "수술 없이는 살 수 없습니다. 그걸로 끝입니다. 수술하고 화학요법을 지속하는 것이 유일한 선택지입니다." 듣고 싶지 않은 대답이었습니다. 가능하면 수술은 하고 싶지 않았습니다. 집에 돌아온 다음 저는 현지 클리블랜드의 최대 교육실습병원인 대학병원에 가서 비뇨기과 주임인 마틴 레즈닉 박사를 만났습니다. 수술에 대해 묻자 쉽지 않은 수술이지만 그것을 권한다는 것이었습니다. 저는 계속해서 두세 가지 질문을 했습니다. 인생에서 가장 중요한 일에 대한 질문을 준비하지 않을 리가 없습니다. "무엇을 하면 암을 극복할 수 있습니까? 수술입니까? 화학요법입니까?" 박사에 따르면 수술은 암의 진행정도를 판단하는 데 필요한 절차이며 최종적으로 치유로 안내하는 것은 화학요법(잘 될 경우에)이라는 것이었습니다.

"자, 화학요법에 대해 자세하게 알려 주세요. 왜 수술로는 낫지 않고 화학요법이라야 효과가 있는 것입니까?"

박사의 설명을 들은 다음 저는 인생에서 두 번째로 중요한 질문을 했습니다(당시는 아내에게 프러포즈를 하는 것이 더 중요했습니다). "수술하지 않고 화학요법만으로는 안 되는 것입니까? 암이 작아지는지 어떤지 정기적으로 CT 촬영을 하고 원래의 영상과 비교해 보면 확인할 수 있는 것 아닙니까?"

저는 반대할 것으로 생각했습니다. 그런데 놀랍게도 "표준적인 방법이 아니지만 해 볼 만은 합니다"라는 대답이 돌아온 것입니다. 다만 위험률이 높고 목숨을 건 도박을 하는 것과 같다는 말도 들었습니다. 그런데 저의 인생입니다. 수술은 끝난 다음의 영향이 너무나도 커서 제가 바라는 인생을 보낼 수가 없습니다. 당시 아직 28세였기 때문에 특히 그렇게 생각했습니다. 지금부터 30년 전의 이야기입니다. 결국 저는 도박에 이겼습니다. 의사를 만나러 가서 **제가 조사한 정보를 기초로 많은 질문을 하고 협상을 했습니다.** 그 덕분에 중요한 결단을 할 수가 있었습니다. 무서운 결말을 맞이할 것인가, 아니면 충실한 인생을 보낼 수 있을 것인가 결과는 둘 중의 하나였습니다.

인생의 어떤 순간에서도 질문하는 것은 **중요**합니다. 저는 직접 경험을 통해 여러분이 상상하고 있는 것 이상으로 그 중요함을 배웠습니다. 자기 자신을 제대로 알고 상대방에 대해서도 가능한 한 많이 배운다면 그 정보가 당신의 재산이 될 것입니다. 질문도 거기에서 생겨납니다. 지식은 힘입니다. 그것이 생사와 관련되는 경우도 있기 때문입니다.

Quiz
14-1

—

1. 파워포인트와 Keynote란?

    A. 게임의 이름

    B. 시리얼 제조사

    C. 프레젠테이션이 가능한 소프트웨어

    D. 헤어스프레이 제조사

2. 파워포인트와 Keynote를 활용한
프레젠테이션을 할 때는?

    A. 될 수 있는 대로 개조식 항목 숫자를 늘린다.

    B. 될 수 있는 대로 문자수를 늘린다.

    C. 될 수 있는 대로 많은 정보를 담는다.

    D. 위 3가지 모두 오답

3. 스티브 잡스는?

    A. 훌륭한 코미디언

    B. 훌륭한 스토리텔러

    C. 훌륭한 야구선수

    D. 훌륭한 마이크로소프트 CEO

Quiz
14-2

---

4. 면접 전에는 반드시?

    A. 비싼 양복을 산다.

    B. 채용되었다고 친구들에게 소문낸다.

    C. 질문을 적는다.

    D. 전날 밤을 꼬박 샌다.

5. 면접에 상응한 복장은?

    A. 지나치게 눈에 띄지 않는 복장

    B. 수영복

    C. 진주목걸이

    D. 울 코트

6. 면접을 보러 가면 회사 안을 잘 관찰하고
가능한 견학을 해야 하는 이유는?

    A. 탈출 통로를 찾기 위해

    B. 현지 신문에 그 회사와 관련한 기사를 기고하기 위해

    C. 면접하기 어렵게 하기 위해

    D. 앞으로 일할 회사의 분위기를 파악하기 위해

정답 1.C 2.D 3.B 4.C 5.A 6.D

우리 인생 자체를 세일즈라고 말하는 사람도 있습니다. 심지어 면접을 보는 일조차도 자신을 상품으로 여기고 잘 팔릴 수 있도록 홍보하는 일입니다. 또한 어떤 직업이든 그 기저에는 세일즈의 특성이 깔려 있습니다. 유형의 상품을 팔든 무형의 서비스를 팔든 살면서 다른 사람에게 무언가를 제공하고 대가를 받아 자아를 성취합니다.

홀 베커는 물건을 팔려고만 하는 세일즈맨보다 진정으로 고객을 생각하는 세일즈맨이 탑 세일즈맨이 될 수 있다고 거듭 강조합니다. 아마 국내 어떤 영업연수 및 세미나에서도 들어 보지 못했을 것입니다. 어떻게 하면 고객의 마음을 사로잡을 수 있는지, 더 많이 판매할 수 있는지, 더 빨리 팔 수 있는지 등의 스킬만 알려줄 뿐입니다. 하지만 사람들은 이제 그런 영업방법에 지쳤고 더 이상 들으려고도 하지 않습니다.

이제 홀 베커의 영업방법을 적용할 때입니다. 과거에도 그랬고, 현재도 그렇고, 아마 미래에도 그럴 것입니다. 사람들은 나의 말을 잘 들어 주는 사람, 나의 고민을 자신의 일처럼 생각해 주는 사람을 의지하고 신뢰합니다. 점점 사람이 그리워지는 생활로 변하고 있는 시점에 온전히 내 편이라고 생각할 수 있는 사람이기 때문입니다. 그리고 세일즈맨은 위기의 순간에 해결사 역할도 해줍니다. 특히나 보험 및 금융 분야에서 큰 도움을 줍니다.

세일즈맨이 도움을 제공하고 상품을 판매하려면 고객이 처한 상황을 잘 알고 있어야 합니다. "온전히 고객만 생각해야 한다" 이 말이 정답입니다! 교감을 해야 하는 것입니다. 상대방이 무작정 물건만 팔려고 온 것인지, 정말로 나에게 도움을 주려고 온 것인지 몇 마디 나눠보면 금방 알 수 있습니다. 하다못해 고객과 함께 있는 시공간 속에서 만이라도 고객에게 집중해야 합니다. 그렇지 않고서는 세일즈맨은 원하는 답을 영영 얻을 수 없습니다.

낯선 사람과 낯선 거래를 할 때에는 누구나 두려움이 생깁니다. 유능한 세일즈맨은 이 분위기를 편하게 하고 즐겁게 이끌어갈 줄 알아야 합니다. 인간관계가 서툰 사람에게는 조금 어려울 수도 있습니다. 홀에게 배워보죠. 어렵지 않습니다. 모르는 것은 따라 하면서 배우고 익히면 됩니다. 홀 베커의 인간관계하는 법을 따라 하다 보면 어느 샌가 그처럼 자연스럽게 하고 있을 겁니다.

역자 **안 양 동**